Ferdinand Kaineder

Anpacken, nicht einpacken!

FERDINAND KAINEDER

ANPACKEN, NICHT EINPACKEN!

Für Gemeinschaft, die begeistert

FREIBURG · BASEL · WIEN

MIX
Papier aus verantwortungsvollen Quellen
FSC® C014496

www.herder.de

AΩ
DIE BIBEL

Satz: Newgen Publishing Europe
Herstellung: GGP media GmbH, Pößneck
Printed in Germany

ISBN Print 978-3-451-38838-5
ISBN E-Book 978-3-451-82100-4

Inhalt

Der Pädagoge und Künstler Christian Kondler aus Windischgarsten in Oberösterreich hat das DREIRAUMMODELL mit Farbe, Form und Pinsel eingefangen. Der orange-rote Raum drückt die Energie des MITMACHENS durch Musik, auf der Bühne, in Bewegung und bei sozialem Tun aus. Der grün-türkise Raum erzählt vom VERNETZEN entlang von Dazugehören, Ritualen und Werten. Der blau-bläuliche Raum betont das tiefe VERSTEHEN durch die Schalen What, How, Why. Mit goldener Farbe wird die Dynamik von Mitte, Rändern und Zwischenräumen angetastet. Auf dem weißen Grund bewegen wir uns, um als Einzelperson oder als Gruppe die „wesentlichen Dynamiken gelingender und begeisternder Gemeinschaften immer wieder neu in den Blick zu nehmen".

Vorwort

„Woran sind Sie gescheitert?", fragte mich 2012 ein Mitglied des Vorstandes der Superiorenkonferenz der 87 männlichen Ordensgemeinschaften in Österreich bei meinem Vorstellungsgespräch. Sie suchten damals so etwas wie einen Mediensprecher und Leiter des Bereiches Medien und Kommunikation. Was und wie war noch unklar. Es war Neuland. Das Warum, die Motivation für die Verbesserung der Kommunikation und Medienarbeit lag seit 2010 offen da. Die Missbrauchsfälle stehen im Raum und stellen alles in den Schatten. Da wollten sie etwas tun. Die Frage selbst bezog sich auf das Jahr 2009. Damals wurde ich vom Linzer Bischof Ludwig Schwarz von meinem Amt als Kommunikationschef und Mediensprecher der Diözese Linz „entpflichtet". Hinausgeworfen, sagt man unverschleiert. Ich war 30 Jahre in der als fortschrittlich, liberal und sozial bekannten Diözese in verschiedenen Aufgaben tätig. Eine kleine fundamentalistisch-konservative Gruppe hat mit allen Mitteln versucht, diesen Kurs auf konservativ zu drehen und Bischof Maximilian Aichern „abzusägen". Sie nutzten die neuen Möglichkeiten des Internets und verbreiteten dort digital Falschmeldungen, heute Fake-News genannt. Rom unter Papst Benedikt hat genau auf diese Kräfte gehört, diese Geschichten als pure Realität geglaubt und einen umstrittenen konservativen Weihbischof für Linz ernannt. Der wurde durch einen besonderen Zusammenhalt und Widerstand in der Diözese im Jahre 2009 verhindert. Das konnte und wollte Rom nicht so stehen lassen. Einige Bischöfe wurden nach Rom zitiert, ebenso der Nuntius. Gleich nach der Heimkehr aus Rom hat mir Bischof Ludwig Schwarz bei unserem üblichen Montagsgespräch eröffnet: „Ich werde eine Änderung im Kommunikationsbüro vornehmen." Es war mir klar: Ich wurde aus heutiger Sicht als Bauernopfer auserkoren und aus meiner Aufgabe eliminiert. Die Medien haben breit darüber berichtet, weil ich zur Symbolfigur für den Kurs der Diözese Linz geworden bin. Offen oder geschlossen, zukunftsorientiert oder rückwärtsgewandt, synodal oder hierarchisch, linienkonform oder situationsgerecht. Das war die über allem schwebende Frage. Über meinem Schreibtisch hing immer das Schild „geöffnet". Das war mein Grundanliegen. Das habe ich auch in der eigenen Pfarre ehrenamtlich gelebt, mit Leidenschaft eingebracht und vollem Engagement gelebt. Deshalb war diese Entpflichtung persönlich eine bittere Erfahrung für die ganze Familie, die mich in allem mitgetragen hat. Zu Fuß bin ich dann aufgebrochen von meinem Heimatort nördlich von Linz an der Donau nach Assisi. 52 Tage habe ich „verarbeitet", war wütend, wurde gelassen, habe in der Poebene viel geweint und bin zusammen mit meiner Frau über den Apennin gegangen. Es war der tiefste Vertrauensbruch, den ich in meinem Leben wegstecken musste. Ich bin aus der Spur geworfen worden.

Diese Frage nach meinem Scheitern war offen und direkt. Erstmals habe ich sie so direkt gehört. Das hat mich neugierig gemacht. Persönlich hatte ich eher das Gefühl, ich „wurde gescheitert". Aber das ist Geschichte, mit der ich persönlich versöhnt bin. Die Frage damals hat mich aber so getroffen, dass ich den Job bei den Ordensgemeinschaften angenommen habe. Daraus geworden sind sieben gute Jahre in Wien, unglaublich viele Erfahrungen und ein großer Gestaltungsraum, den ich für die Medien- und Öffentlichkeitsarbeit voll genutzt habe. Nie hätte ich für möglich gehalten, dass mir im Rahmen der Kirche nochmals diese Chance und das Vertrauen in diesem Ausmaß entgegengebracht wird. Wie es meinem Naturell entspricht, habe ich die Sache mit Vollgas gelebt. Die Orden wurden in Folge von den Medien und anderen gesellschaftlichen und kirchlichen Einrichtungen „gemeinsam lebendig" wahrgenommen. Einzelne Häuser waren immer präsent, aber in dieser Zeit war das Gemeinsame, das Verbindende, das Ganze der Ordenskirche im Vordergrund. Und genau diese ungeschminkte Frage hatte mich nach Wien gezogen. Das ungeschminkte Hinschauen wurde so für mich Programm im Arbeiten für das „Netz der Orden".

„Bist du zu Fuß da?", werde ich bis heute launig gefragt, wenn ich irgendwo ankomme. Das Buch *Mein Weg nach Assisi* fasst die Erfahrungen 2009 aus meinen Blogbeiträgen, die ich nach Assisi geschrieben habe, zusammen. Mit vielen „Gescheiterten" kam ich so in Kontakt. Das Gehen wurde zu meinem Markenzeichen nach außen. #gehschenkteZeit schreibe ich deshalb immer als Hashtag unter meine Social-Media-Beiträge auf diversen Kanälen, wenn ich zu Fuß unterwegs bin und mit Bildern davon erzähle. Aus einer Notsituation wurde die Lösung. Es wird im Gehen gelöst. Das ist meine Erfahrung. Mit meinen Vorträgen zu „Weitgehen ist heilsam" oder „Das Gehen heilt das Klima" verdichte ich meine Erfahrung aus dem Gehen. Wer etwa drei Wochen am

Stück zu Fuß etwa sieben Stunden am Tag unterwegs ist, erntet die körperliche, mentale und spirituelle Kraft, die aus dem Gehen kommt. Das Gehen erlebe ich als besondere Quelle der Kraft. Mittlerweile sehe ich alle Lebensbereiche aus der Perspektive und Erfahrung des Gehens, von der gehenden Bewegung her. Ob es der Spiri#Walk in Wien mit Lehrerinnen und Lehrern ist oder das Weltanschauen im Gehen mit Reisegruppen, es ist die Bewegung, die lehrt. So wie ich gefragt werde, ob ich zu Fuß da bin, so frage ich ernsthaft vor einem Gespräch oder einem Workshop: Können wir das auch im Gehen machen, besprechen, klären? Immer öfter steigen die Ansprechpartner darauf ein. Am Ende meist der Ausspruch: Das hat jetzt gutgetan. Eine besondere Annäherung im Netz der 195 verschiedenen Frauen- und Männerorden in Österreich habe ich 2014 „unter die Füße genommen". Mein Ziel war es, mindestens zehn Prozent der Gemeinschaften in Österreich innerhalb von zehn Tagen zu Fuß und mit öffentlichen Verkehrsmitteln zu besuchen. Mit dabei hatte ich ein Smartphone und vier Fragen, die ich den Ordensleuten oder Verantwortlichen Frauen und Männern gestellt habe. Die Antworten haben sie mir in die Kamera gesprochen. Das machen sie normalerweise sehr ungern. Ohne die zwei- bis vierminütigen Antworten zu bearbeiten, habe ich sie auf YouTube gestellt. Den Hashtag #ganzOhr habe ich davor gesetzt, er war mein Motiv im Hinhören. Immer waren es diese vier Fragen, die schon Papst Franziskus immer irgendwie artikuliert hat: Wo begegnet Ihnen Mitte? Wo begegnet Ihnen Rand? Wo liegen die Quellen der Inspiration? Wo sehen Sie Ihre Gemeinschaft in 20 Jahren? Das hat eine Kraft entwickelt und sich im Nachhinein verselbstständigt. Eine Ordensfrau hat gemeint: „Diese Fragen gehen tief, wenn ich mein Leben aus einer lebendigen Gottesbeziehung leben will. Wir haben unsere Exerzitien damit gestaltet.“

„Du singst das Exsultet!“, hörte ich unvorbereitet am Karfreitag 1975. Meine damalige Jugendfreundin hat mich auf die Jugendburg Altpernstein mitgeschleppt zur Osterbegegnung. Ich bin christlich sozialisiert, war Ministrant, habe mich in der Schulzeit in der eigenen Pfarre engagiert und mich mit dem damaligen Ortspfarrer „angelegt“. Wir haben rhythmische Lieder gesungen. Das war damals noch verpönt. Heute wären viele Gemeinden froh, wenn die Jugend überhaupt etwas singen würde. Damals waren über 100 Jugendliche von Gründonnerstag bis Ostersonntag gemeinsam auf der Jugendburg. Der Jugendseelsorger Franz Haidinger kam am Karfreitag früh auf mich zu, hatte ein liturgisches Buch in der Hand, zeigte auf das Exsultet. Ich habe diesen besonderen österlichen Gesang immer gehört, aber nie und nimmer selbst gesehen, geschweige denn gesungen. Er hat mir das zugemutet, zugetraut. Den ganzen Tag über war ich kribbelig, habe schlecht geschlafen. Ich war Tenor im Chor an meiner Schule. Aber solo? So ganz alleine vor den Jugendlichen? Ich war 18 Jahre alt. Da sind andere Gedanken im Kopf als eine liturgische Funktion. Aber im Rückspiegel betrachtet hat sich schon damals gezeigt, dass ich mit Zumutungen gut umgehen konnte, ja daran gewachsen bin. Auf ähnliche Weise wurde ich Erzieher am Petrinum, Pastoralassistent in der Dompfarre Linz, Ausbildungsleiter für die Theologiestudierenden, Internetbeauftragter und schließlich Kommunikationsverantwortlicher. Diese Zumutungen wurden immer an mich herangetragen und waren in einen Mantel des Vertrauens gewickelt. Damals habe ich das Exsultet gesungen, ohne Pannen, sonst würde ich es heute noch wissen. Genau weiß ich noch, dass die Osterkerze in der Mitte des Raumes von weit über einhundert Teelichtern umgeben war. Im Laufe der Osterliturgie wurde die Osterkerze durch die Wärme weich und neigte sich langsam zur Seite. Sie wurde fließend. Fluid. Dieses lebendige Erlebnis hat mich zum Theologiestudium gebracht. Das Leben fließt, der Glaube ist nichts Starres, wie in der Pfarre erlebt, sondern er richtet auf, steht auf, erhebt sich, befreit. Das verbinde ich mit dem Exsultet, das ich bis 2009 auch in der Pfarre bei voller Kirche in der Osternacht singen durfte. Es hat mich immer innerlich erfasst, angesprochen und kribblig gemacht. Das Leben wurde noch eine Spur lebendiger. Dann kam allerdings ein Pfarrprovisor, der mir das Exsultet weggenommen hat mit der Begründung: Das singt der Priester. Damit hat er mir nicht nur die Erinnerung genommen, sondern ein Stück meiner tief empfundenen Berufung in der Pfarre, in der ich zehn Jahre ehrenamtlich voll engagiert war.

„Wollt ihr?“, fragte uns 2002 Barbara Dressler, die ich für die Moderation unserer Pfarrgemeinderatsklausur gewinnen konnte. „Wollt ihr, dass im Bergdorf in 50 Jahren der christliche Glaube noch eine tragende Rolle spielt?“ Die erfahrene Personalentwicklerin in einem großen weltweiten Konzern rollte in aller Ruhe das Blatt mit dieser Frage aus. Der Pfarre ging es damals nicht gut. Der Pfarrer war alt und gebrechlich. Die Kirche war zwar eingerüstet, aber es ging durch die Verzögerungstaktik der Diözese nichts weiter. Frustration war zu spüren. Die Pfarrgebäude waren alt und zum Teil desolat. Guter Wille war da, aber der Kontext nicht ermutigend. Als neu gewählter Pfarrgemeinderat mussten wir uns in der Situation klar werden, wie es weitergehen soll. Und genau mit dieser Frage in die Zukunft hinein erwischte die Moderatorin uns sechzehn Frauen und Männer im Herzen, an der Wurzel. Sie bestand nach einem Gespräch, Austausch und Diskussionen darauf, dass jede und jeder die Frage in der Runde beantwortet. Fünfzehn waren eindeutig: „Ja, unbedingt." Einer meinte: „Weiß ich nicht." Wollt ihr? – Das war die Frage, die eine tiefe Bewegung ausgelöst hat. Wir haben ein neues Pfarrzentrum um zwei Millionen Euro gebaut. Ohne angespartes Kapital. Aus dem Stand war die Pfarre mit etwa 2000 Einwohnern nach sieben Jahren schuldenfrei. Es kam damit eine Dynamik in die Hütte, die sich sehen lassen konnte. Über 90 Schlüssel waren unterwegs, damit sich die Leute ungehindert beteiligen konnten. Der neue Pfarrprovisor der Nachbarpfarre hat mit einem vertrauensvollen Unterton immer gemeint: „Macht. Tut." So durfte ich als verheirateter Theologe (nicht Diakon) über 60 Kinder taufen, viele Segensfeiern und Gottesdienste halten, predigen und praktisch ehrenamtlich die Pfarre leiten. Wir haben ein Leitungsmodell gelebt, das geheißen hat: Pfarrleitung durch den Pfarrgemeinderat. Viele Menschen haben sich beteiligt, unabhängig von Konfession oder ihrem religiösen Status. Wir wollten lebendige Pfarrgemeinschaft sein. Das ist uns gelungen, bis ein Pfarrprovisor kam, der die klerikale Trennung wieder eingeführt hat, das Statusdenken höher gehalten hat als die Wirkmacht aller Getauften. Die „heiligen Handlungen“ waren bei ihm, und die „weltlichen Dinge“ konnten wir gerne machen, uns darum kümmern und Verantwortung dafür tragen. Das männlich-klerikale Amtsverständnis mit hohem Bequemlichkeitsfaktor geht nämlich so: „Ich wandle, ihr tut.“ In meiner Wien-Zeit für die Ordensgemeinschaften ab 2012 habe ich mich nach zehn Jahren aus der Pfarre im Bergdorf zurückgezogen. Aber: Es war bis dahin eine wunderbare „Gestaltungszeit“. Die folgenden „klerikalen Engführungen“ haben die umgekehrte Dynamik hin zur Verkleinerung vieler Bereiche ausgelöst.

„Wo berühren sich Himmel und Erde?“, fragten die Oberösterreichischen Nachrichten vor dem Osterfest 2018 bekannte Frauen und Männer. Die Frage wurde auch mir gestellt. Nach einigem Hin und Her zwischen Himmel und Erde ist mir meine Erfahrung als Opa in den Sinn gekommen. Kinder und Enkelkinder sind besondere Lehrmeister des Lebens. Wenn ihr nicht werdet wie die Kinder, klingt in den Ohren. Sie machen die kristalline Lebensform wieder fluider. Das wissen wir. Ich darf es erleben und bin unglaublich dankbar dafür. Meine Zeilen standen dann so in der Tageszeitung: „Legosteine liegen im Wohnzimmer. Kinderschuhe stehen im Vorzimmer. Ja, unsere beiden Enkel mit dreieinhalb und zwei Jahren sind wieder einmal bei Oma und Opa. Ich nehme mir für sie Zeit, so viel es geht. Abends bringe ich sie ins Bett. Lege mich zu ihnen. Noch eine Geschichte. Die letzte flüsternd. Dann beginnen die Hände das Ohr zu erfassen. Die Ohrläppchen werden gedrückt. Einatmen, ausatmen. Selbst ganz ruhig werden. Vielleicht noch eine Melodie summen. Die kleinen Finger gehen zum Mund, tasten die Lippen ab, suchen bis zu den Zähnen hinein. Zuerst alles fest und noch etwas hastig. Dann immer langsamer und schließlich schlafen beide. Auch die Hände. Tiefe Dankbarkeit erfasst mich, wie wenn ich vom Himmel angetastet worden wäre." Meine Aufgabe bei den Ordensgemeinschaften in Wien habe ich nach sieben Jahren aufgehört, weil mir die Frage immer brennender geworden ist: Was ist im Leben „wirklich" wichtig? Die Partnerschaft, die Familie und die Enkelkinder geben darauf die Antwort. Es ist nicht einfach, sie zu hören. Aber das wirklich Wichtige braucht Zeit, braucht Da-sein, braucht ein Inne-halten, ein Ruhigwerden, Verfügbarkeit. Die Enkel öffnen mich in besonderer Weise. Der Himmel schreit nicht. Die Erde vibriert und lockt immerzu. Die Arbeit schwebt immer über allem. Seit Jahren. Fragen wir Sterbende, dann sagen sie auf die Frage, was sie nicht mehr machen würden: So viel arbeiten. Die mittlerweile drei Enkelkinder führen mich in diesen Zwischenraum von Himmel und Erde, um ganz „inne zu werden", um das Leben zu hören. Das Leben spricht so in besonderer Weise zu mir. Da ist alles drinnen: Mit ihnen ruhig werden, mit ihnen toben, mit ihnen spielen, mit ihnen lernen, mit ihnen wachsen und auch mit ihnen protestieren.

„Wer bist du, wenn du mit dir alleine bist?", ist jene Frage, die ich immer mittrage in Form eines Plakates, das in der ZEIT im Herbst 2016 beigelegt war, am Beginn meiner 24 Tage „total offline". Mir wurde eine Auszeit genehmigt, die ich in Bad Gastein verbrachte. Das Smartphone lag abgeschaltet daheim zusammen mit dem Laptop. Das TV-Gerät im großzügigen Zimmer war der Bademantelhalter. Radio gab es keines. Über drei Wochen kein Internet. Ich habe es genossen. Es hat mich vertieft, wacher und wirklicher gemacht. Ich wurde reduziert in jeder Hinsicht, wesentlicher, ruhiger: „Ich würde das keine drei Tage aushalten. Schon nach einem Tag im Urlaub juckt es und ich muss nachschauen", so ein befreundeter Journalist am Telefon, nachdem ich die Rückrufe auf die Anrufe in Abwesenheit nach diesen 24 Tagen gestartet hatte. „Es war ein ganz großes Geschenk und genau zur richtigen Zeit", meinte ich beim Rückruf. Ich wusste immer: Digital ist emotional kalt, kann die Seele nicht wärmen, kennt keine Zwischenräume und Zwischentöne. Digital ist immer additiv. Der Algorithmus kennt nur eine besondere Reihe aus zwei Ziffern: Null und Eins. Intelligenz kommt von „inter legere" und das heißt „zwischen den Zeilen lesen". Das kann kein Roboter. Liebe, Empathie, Gefühle (nicht Affekte), Weinen oder Leiden kennen diese Geräte nicht. Sie kennen nur funktionieren oder kaputt. Also Eins oder Null. Dazwischen gibt es nichts. Das macht emotional hungrig. Aber genau das ist gewollt. Ja nicht zur Ruhe und Zufriedenheit kommen. Damit gehen die tiefe Achtsamkeit und Empathie verloren. Das habe ich auch an mir gespürt. Als Internetbeauftragter der Diözese bin ich seit 1995 mitten drin im Web. Early adopter. Gerade beim Allein-sein werden die „Aufmerksamkeitszerstäuber" angeworfen. Ein befreundeter Geschäftsführer hat zu meinem Offline-Status ermutigend gemeint: „Recht hast du. Wir halten das alle miteinander ohnehin nicht mehr lange aus." Wie soll Gemeinsamkeit gehen in dieser „Dauergereiztheit"? Bei mir selbst habe ich damals gespürt, wie Langsamkeit in mein Leben eingekehrt ist. Das hat mir ermöglicht, viel tiefer hinzuhören in Gesprächen, auch auf die Stille. Ich spürte auf einmal keine Getriebenheit mehr, sondern konnte selbst die zeitweise Langeweile in meinem Zimmer genießen. Langeweile ist ja ein Fremdwort geworden, ein Unwort der „Bespaßungsgesellschaft". Gerade wenn jemand sagt, mir ist fad, antworte ich immer: Jetzt kann etwas Neues beginnen. In diesen Offline-Zeiten haben meine Gedanken-Gänge unglaublich viel Freiraum vorgefunden und neue Facetten aufgemacht. Beim Gehen in den Gasteiner Bergen nahmen die Augen die Natur, das wunderschöne Panorama auf, weil ich keine Kamera zücken konnte, die im Smartphone integriert daheim lag. Einfach da sein, schauen, wahrnehmen, hinhören auf die Stille der Natur, den Berggipfel jetzt genießen und nicht erst später am Foto. Ich bin da. Jetzt. Genau auf diesem Quadratmeter Erde, eingespannt und getragen zwischen Welt und Himmel. Segen und Fluch liegen auch im Digitalen eng beieinander. Die digitale Welt deformiert uns Menschen dazu, nur mehr über Geld nachzudenken, Preise zu vergleichen und auf Kosten anderer zu profitieren. Nicht der zufriedene Mensch ist das Ziel, sondern der immer wieder neu unzufriedene Kunde. Ein kurzfristiger Hyperkonsumismus wird in den Mittelpunkt gerückt auf Kosten langfristigen Denkens. Eine zittrige Seele findet keine Ruhe in sich selbst und findet auch das Du, den anderen, das Gemeinsame nicht mehr. Die Seelen, so sie nicht ohnehin verschüttet sind, werden durch Werbung, digitale Medien und das ständige Immer-Mehr gereizt. Dieser ständige Reiz von außen macht sie selbst wieder zittrig. Und genau diese kollektive Nervosität erleben wir unter dem Anschein von digitalen Freundschaften und Followern. Nach den 24 Tagen hat meine junge Arbeitskollegin Magdalena Schauer ein wunderbares E-Mail geschrieben: „WELCOME BACK! (in reality – ehm – virtuality)". Das ist der Punkt. Meine täglich handschriftlich geschriebenen Briefe wurden als Sensation, etwas Seltenes empfunden. Und diese Rückmeldungen kamen handschriftlich. Als Karte oder Brief. Deshalb hier gleich einmal mein Tipp: Die digitalen Kochlöffel gezielt weglegen, hinausgehen aus der digitalen Küche und Mensch und Natur direkt begegnen. Von Angesicht zu Angesicht.

„Wie geht gemeinsam jetzt wirklich?", fragte ein Teilnehmer von unserer Weltanschauen-Gruppe nach dem Abendessen neugierig. Wir waren im Sommer 2019 am Friedensweg von Kärnten über Slowenien zu Fuß bis nach Italien unterwegs, 28 Frauen und Männer, die sich zum Großteil vorher nicht kannten, unterschiedliche körperliche Voraussetzungen mitgebracht haben und dazu diverse Erwartungen. Sieben bis neun Stunden gehen, manchmal eintausend Höhenmeter am Tag. Nach acht Tagen und etwa 150 Kilometern kommen wir alle mit allem und alles zu Fuß am Ziel an. Meine Alles-Alles-Gruppe. Wie ist das gegangen? Als Guide einer solchen Gruppe geht mein DREIRAUMMODELL immer mit. Wir wissen heute über die lebendig machenden Dynamiken von Organisationen, Betrieben, Vereinen, Bewegungen, Initiativen oder Communities. Gerade beim Gehen in der Gruppe kommen die kraftvollen und nachhaltigen inneren Prozesse und Vorgänge, die tiefen Dynamiken des

Geistes und der Seele in Gang. Dieses DREIRAUMMODELL habe ich zusammengetragen und zusammengefügt aus meiner Erfahrung, meiner Arbeit in den letzten zehn Jahren und darüber hinaus aus verschiedenen Bereichen. Eigentlich war ich immer „Community-Worker“ und „Wegfinder“ für neue Wege, wie meine Enkel sagen, wenn wir wieder einmal querfeldein den Weg gemeinsam suchen. Selbst die Einzelteile des Modells waren mir immer hilfreich. Jetzt habe ich sie zusammengefügt. Ich sehe, wie sich Kraft und Energie entfalten, eine Anziehung wächst und Leichtigkeit und Fröhlichkeit einziehen. Es entsteht so etwas wie ein äußerer und innerer Klangraum, ein Resonanzraum um eine Gemeinschaft, eine Aura, die wir spüren, riechen, hören, sehen und oft nicht einmal benennen können. Die Menschen sagen dann: „Die sind lebendig. Da möchte ich dabei sein. Es tut mir gut.“ Das Modell denke ich wie eine Landkarte, die eine Standortbestimmung hinein in eine lebendige Zukunft ermöglicht. Der Weg wird damit als gemeinsamer Weg sichtbar und begehbar. Wir werden zwar heute allseits als Konsumenten behandelt, aber Menschen wollen im Tiefsten mitmachen, mitgestalten, schöpferisch-kreativ das je Eigene einbringen in ein größeres Ganzes. Menschen leben in ihrem sozialen Netz der Beziehungen in Familie, Arbeit, Freizeit, Hobby oder Gesinnungsgemeinschaften. Nichts ist heute selbstverständlich. Deshalb wollen Menschen die Dinge, die Vorgänge, die Prozesse, die Ziele und die Aufgaben verstehen und erklärt bekommen. Gute Erziehung und Hinführung mit einer existenziellen Involvierung lässt die Menschen sagen: „Das ist Meins. Das ist Unseres.“ So kommen sie vom

Ich zum Wir. Oder: Das Andere, das Fremde wird ihnen zur Inspiration und begründet ihre Identität wesentlich mit. Bei solchen Menschen spannt sich eine Brücke in den Zwischenraum ähnlich einer Synapse im Gehirn. Beim Gehen kommen die Aspekte fast automatisch zum Tragen, wenn der Guide gut führt und so die Menschen zu einem einander tragenden Netz wachsen lässt. Und dieses Netz wächst im Gehen, wenn die Teilnehmenden mitmachen, ihren sozialen Reichtum teilen, davon erzählen. Es hilft, wenn wir einander gut erklären, was wir wie wozu oder warum machen. Das sind wenige wesentliche Worte, Gesten und Handlungen. Über Werte und Haltungen reden wir am Weg und leben sie ganz konkret. Rituale helfen uns, zusammenzuhören, inne zu werden und die Quellen der Kraft anzuzapfen. Zugehörigkeit wächst in der konkreten Solidarität der Gruppe. Jemand braucht Hilfe und niemand bleibt stehen, das wäre ein Desaster. Ich habe es noch nie erlebt. Vielmehr die Haltung: Wir wollen und werden gemeinsam ans Ziel kommen. Es ist hilfreich, diese drei Räume immer wieder achtsam durchzugehen im Bewusstsein: Es beginnt alles mit mir, mit uns. Hier und jetzt. Und: Es braucht immer die Bereitschaft für Neue, für Neues mit den Neuen. Überraschungen stupsen uns an, darin nicht müde zu werden.

VERNETZEN: Mit wem wir leben

Ein ganz besonderes und persönliches Netz von Beziehungen und Kontakten umgibt jeden Menschen. Kleiner oder größer, dichter geknüpft oder loser. Die Beziehungswelt gestaltet sich heute vielschichtig, vielfältig und divers. Von Familie bis Arbeitswelt, von Freizeit bis Onlinekontakte, vom Bergdorf bis International, von privat bis öffentlich, verborgen oder offen. Menschen leben in Beziehungsnetzen: Vereine, Pfarren, Blasmusikkapelle, politische Partei, Stadtviertel, Neigungsgruppe, Hobby oder alles rund um die Arbeit. Exemplarisch lässt sich das am je eigenen haptischen oder digitalen „Telefonbuch" ablesen. Welche Kontakte habe ich dort eingespeichert? Wer steht mir telefonisch zur Verfügung? Je vielfältiger und diverser die Kontakte sind, umso tragfähiger wird das Netz. Die Menschen glauben eher umgekehrt: Wenn alle gleich sind, tragen sie. Nein, das wird fad und einseitig. Wenn beim Kirchenchor nur Juristen mitsingen würden, wären die Pausengespräche bald eintönig, statt des Notenschlüssels wäre bald das Paragraphenzeichen oben auf. Je vielfältiger, desto spannender.

Die Zahnärztin im Sopran macht in der Probenpause mit dem Installateur im Tenor einen Besuch aus, um den tropfenden Wasserhahn loszuwerden. Dafür bestellt der Installateur bei der Bäuerin die 10 Bio-Eier auf kurzem Weg und der Organist findet Gehör mit seinem Wackelzahn. Das sind ganz kleine Alltagsgespräche rund um einen diversen und gut aufgestellten Kirchenchor. Ist ein Journalist dabei, weiß er immer etwas zu erzählen. Die Hobbyköchin kann es nicht lassen, einen Kuchen mitzubringen. Und der letzte Burgenlandurlaub einer Altistin mit ihrem Ehemann, der im Bass singt, verleitet sie, den neu entdeckten Wein gleich hier verkosten zu lassen. Lustvoll umarmen sie einander und gehen beschwingt nach Hause. Das strahlt aus. Werte, Rituale und Zugehörigkeit verbinden diese Vielfalt entlang von Anerkennung, sinnvoller Tätigkeit und Solidarität. Wenn diese drei Bereiche gut stimmen, dann geht es nicht um den einengenden kleinsten gemeinsamen Nenner, sondern um die größte gemeinsame Vielfalt, diesen Klang- und Resonanzraum von Beziehungen als Freiraum für die Menschen.

Werte tragen

Werte bestimmen, begründen und orientieren das Handeln von Einzelnen wie auch von sozialen Lebewesen. Weil Werte und Werthaltungen so wichtig sind, wird seit geraumer Zeit nach Werten gegraben, der Wertekern herausgeschält und definiert oder Wertekanones vorgeschrieben bis hin zu Wertemanagern, die sich um genau diese Werte kümmern. Ein weites Feld für Gespräche, Seminare, Abendveranstaltungen und Vorträge mit Werte-Expertinnen und Experten.

Die einschlägige Werte-Enzyklopädie im Web sagt: „Wertvorstellungen sind erstrebenswerte, moralisch oder ethisch als gut befundene spezifische Wesensmerkmale von Personen innerhalb einer Wertegemeinschaft. Aus bevorzugten Werten und Normen entstehen Denkmuster, Glaubenssätze und Handlungsmuster. Begriffe für Werte sind meist Substantive, die moralisch gut empfundene Eigenschaften verkörpern. Sie symbolisieren spezifische Sittlichkeit und beschreiben die zwischenmenschliche Qualität von Charaktereigenschaften und Nutzen stiftenden Merkmalen." Solche Definitionen sind wichtig, aber doch wieder weit weg vom Alltag. Die Leitbildtafeln hängen geduldig an den Wänden, oft unbeachtet, nicht verstanden oder auf Distanz gehalten. Bei den Ordensgemeinschaften Österreich haben wir einen „Glaubenssatz" geprägt, der lautete: Erfahrung bildet. Aus eigener Erfahrung weiß ich, dass Werte nicht definiert, sondern gelebt werden müssen, sollten sie eine Wirkung entfalten. „Verkünde das Evangelium. Wenn nötig, nimm Worte dazu." Verschiedene prägende und wunderbare Erfahrungen mit Frauen und Männern haben mir geholfen, besser zu verstehen, was mit Werten tatsächlich gemeint sein könnte.

„Das Schlechte nicht besser machen, sondern von Beginn an gut." Genau diese Ansage hörten wir 2015 beim intensiven Gespräch mit Ernst Gugler in Melk. Mehrere Tage waren wir schon als Klimapilger und Klimapilgerinnen zu Fuß von Wien nach Salzburg unterwegs, um in Vorbereitung auf den Weltklimagipfel #COP21 in Paris unseren „Klimarucksack der Alternativen" mit positiven Beispielen zu füllen. Die Druckerei Gugler hat uns das Konzept „cradle to cradle" (von der Wiege zur Wiege) hineingepackt, sehr eindrucksvoll und anschaulich. Eine große Illustration im Empfangsraum des Gebäudes aus Lehmbeton zeigt eindringlich, worum es dem Pionier der Nachhaltigkeit Ernst Gugler geht. Die Illustration zeigt, wie die Erdkugel brutal abgegraben, das Material in der Fabrik unter Rauchwolken aus den Schloten produziert und auf der anderen Seite die Dinge in hohem Bogen weggeworfen werden. Mit den Worten „Take – Make – Waste" ist die Logik in Großbuchstaben drübergeschrieben. Genau am Punkt. Nehmen, machen, wegwerfen. Daneben die Illustration der Alternative mit einem Baum in der Mitte. Überall sind Kreisläufe und Rückführungen eingezeichnet. Die Logik des Kreislaufes mit und in allen Dingen ist damit postuliert, den Mitarbeitern und Kunden eindringlich vor Augen geführt, ans Herz gelegt. Wir spüren: Hier ist ein Lebensprinzip der Zukunft nicht nur postuliert, sondern gelebt, realisiert. Ernst Gugler erzählt, dass er gerade von Wien kommt. Dort hat er mit einer großen Firma wegen eines Druckauftrages verhandelt. In seinem Gesicht war die Enttäuschung noch zu sehen: „Es ist schon enttäuschend, dass sie zwar die Nachhaltigkeit in ihren Leitbildern haben, aber bei konkreten Aufträgen nehmen sie doch wieder die Billigstbieter mit weiten Transportwegen, die mit ihren chemischen und zum Teil giftigen Farben im Vorteil sind." In diesem Fall war es doppelt doppelbödig und hart. Es ging um eine Nachhaltigkeitsbroschüre mit großer Auflage und Breitenwirksamkeit einer Wirtschaftsvereinigung, die sich so etablieren wollte. Genau solche Situationen waren in den letzten Jahren die besondere Herausforderung für den Pionier in der Druckereibranche. Keine Chemie, die die Natur nicht gleich im ersten Schritt wieder abbauen kann. Und ein Markt, der zwar die Nachhaltigkeit in den Überschriften führt, aber im Konkreten doch den Umstieg scheut, nicht wagt. Eindringlich warnt er vor Etikettenschwindel, vor einem Nachhaltigkeitsdesign nach außen und einem Weitermachen wie bisher in der schlechten Logik der Weltausbeutung und der Wegwerfkultur, der Vergiftung und der Schädigung. Der Wert des Kreislaufdenkens und -handelns darf nicht der Propaganda überlassen werden. Ein Wert, der Breite verdient.

Unser Klimapilgern hat uns zu vielen solcher Projekte gebracht. Einige werden noch eine Rolle spielen. In meinem Tagebuch 2015 steht dieses persönliche Resümee zum Klimapilgern über 21 Tage und etwa 400 Kilometer zu Fuß: „Ich bin für und mit allen Menschen gegangen, die unter den Schieflagen unserer Gesellschaft und den ausbeuterischen Systemen unserer Wirtschaften leiden oder gar zu Tode kommen. In besonderer Weise sind es heute die Flüchtlinge und indigenen Völker, denen Technokraten und Geldökonomen die Lebensgrundlage entziehen. Die Natur strahlt so viel Frieden aus und der Mensch führt Krieg gegen sie. Das Gehen hat mich versöhnter gemacht und gleichzeitig radikaler gegenüber unseren gesellschaftlichen Eliten. Den Satz von Ernst Gugler nehme ich mit und werde ihn nie außer Acht lassen: Das Schlechte nicht weniger schlecht machen, sondern es muss von Beginn an gut sein. Sag mir, wie es beginnt, und ich sage dir, wie es endet. Es braucht ein bewusstes Leben im Kreislauf, das unsere Lebensprozesse wie Einkaufen, Arbeiten, Mobilität oder Produktion in die Wiege der nächsten

Generation legt und nicht in gefährliche Deponien. Davon gibt es schon zu viele. Meine zwei Grundfragen sind noch weiter gewachsen in ihrer Bedeutung: Wie geht Reduktion, das Weniger? Wie kommt mehr Liebe, Empathie und Compassion in die Welt? Viele Projekte, die wir gesehen haben, Menschen, denen wir begegnet sind, Landschaften, die wir bewundert haben, entfalteten eine besondere Schönheit, weil sie aus der tiefen Quelle der Spiritualität gespeist waren. Es waren immer Menschen, die nicht zufrieden waren im Gefängnis der jetzigen Plausibilitäten, die Unerhörtes gewagt und aus den Ruinen ihrer Gewohnheiten einen neuen Weg gesucht haben. Alleine auf der schmalen Spur dieser fast 400 Kilometer durch Österreich haben wir das Aufkeimen einer neuen Welt, die Transformationen hin zu einer neuen Wirtschaft erlebt. Selbst die Medien sind zum Großteil Gefangene des laufenden Systems und entwickeln keine Kritik, was ihre Aufgabe ist. Sie vergessen gerade, von Alternativen breit zu erzählen. Das Welt- und Menschenbild der Enzyklika *Laudato Si'* von Papst Franziskus kann das neue Fundament einer neuen Welt werden. Das Gehen und Pilgern hat mich darin bestärkt, das technisierte-technologische Menschenbild sehr kritisch zu sehen und durch das ökologisch-sozial-spirituelle Welt- und Menschenbild noch konsequenter zu ersetzen. Wer geht, wird fast automatisch dorthin geöffnet. Vom Weltklimagipfel #COP21 erwarte ich mir einen radikalen Bruch mit dem gängigen Wachstumsparadigma. Solidarische Ökonomie soll das neue Paradigma werden. Eine besondere Erfahrung war, dass wir so wunderbar zusammen gesungen haben, obwohl wir uns untereinander vorher nicht gekannt haben und jeden Tag andere Menschen mit uns gingen. Der gemeinsame Weg hat in vielen Gesprächen, im Schweigen, im Hinhören Ideen und eine Pilgergemeinschaft entfaltet. Eine tiefe Dankbarkeit hat mich von Tag zu Tag mehr erfüllt. Die Natur, die Schöpfung ist die beste Lehrmeisterin des Lebens." Der Tagebucheintrag zeigt mir bis heute, dass sich in diesen Tagen Wesentliches ereignet hat. Bei mir selbst. Bis zu fünfzig Personen sind tageweise mitgegangen. Ermutigend war, dass gerade das kirchliche Milieu hier hoch aktiv ist, auch wenn die Bischöfe noch nicht ganz an Bord sind, was die Förderung der Idee von Nachhaltigkeit und Kreislauf betrifft. Menschen mit diesen Haltungen, Ideen und Sichtweisen sind ihnen bis heute irgendwie lästig. Aber Ausnahmen bestätigen die Regel und auf der Weltkugel kann man ohnehin nichts pauschal sagen.

Jeder Satz hört mit dem Punkt auf. Auch dieser. Und doch leben viele Menschen so, als ob das Leben nur bis zum Beistrich ginge. Um den zweiten Satzteil sollen sich andere kümmern. Den Natur-Bäckermeister Helmut Gragger habe ich 2016 beim Symposium „Wertevoll führen" für christliche Führungskräfte im Stift Göttweig kennen und schätzen gelernt. In mehrmaligen Begegnungen haben wir uns ausgetauscht. Er wird es selbst nicht so wissen, aber ihm verdanke ich viel Ermutigung. Die Orte des „echten Sauerteig-Bäckers" sind Sarleinsbach und Ansfelden in Oberösterreich, Salzburg, Wien, Berlin und Senegal. Es geht um das berühmte Gragger-Brot. Die aufkeimende Gentechnik und die Backmittelindustrie haben in ihm den Entschluss reifen lassen, die Karriere bei Nestlé an den Nagel zu hängen. Die Karriereaussichten waren bestens. Verdienst optimal. Da war nur ein Haken: Brot, Chemie und Beschleunigung gehen nicht zusammen. Heute gehört er zu den Pionieren, die Brot aus biologischen Rohstoffen in Holzöfen mit Handarbeit herstellen. Dreihundert Semmeln in der Stunde handgemacht konkurrieren mit zweihunderttausend Stück in der Stunde aus den Backmaschinen. Mensch gegen Maschine. Er hat gesehen und nicht mehr länger mitansehen können: „Das macht das frühere Grundnahrungsmittel Brot irgendwie wertlos. Das ist kein Brot, sondern ein Industrieprodukt." Sein Ziel, dem Menschen das echte Brot und den damit verbundenen einzigartigen Geschmack wiederzugeben, war nicht gleich von Erfolg gekrönt. In seinem Workshop beim Symposium ging es um den „Wert des Scheiterns". Scheitern ist auch mir nicht fremd. Mehrmals und subtil. Immer wieder hat der Handbäcker versucht, mit Lebensmittelketten zu kooperieren, um sein Brot an den Mann, an die Frau zu bringen. Im Endeffekt hat sich immer herausgestellt, dass dieses wertvolle Lebensmittel – gemacht mit besten biologischen Grundstoffen und mit der notwendigen Zeit des gärenden Sauerteiges – zu 40 % weggeworfen wurde. Supermärkte haben einfach bestellt und das nicht verkaufte Brot zurückgeschickt oder entsorgt. Den Preis dafür haben die kleinen Lieferanten bezahlt. Und seine Stimme wird bestimmter, wenn er mir neben seinem Holzofen in Wien in der Spiegelgasse stehend die Situation glasklar schildert: „Da zeigt sich dieses Ungleichgewicht von Groß und Klein, die harte Linie der rein monetären Wirtschaftlichkeit. Das alleine ist die Basis der maschinellen Produktion. Gewinn und nicht

Hunger nach Brot. So wurde unser Brot, das wir händisch gemacht haben, ganz brutal entwertet." Der Bäcker mit seinem von ihm entworfenen und gebauten Holzofen erlebte selbst ein wirtschaftliches Scheitern. Manche Folgen hat er am Anfang nicht bedacht. Er musste Konkurs anmelden. In dieser Situation hat sich bewährt, dass er ein Netz von guten und treuen Mitarbeiterinnen und Mitarbeitern, Lieferanten und Kunden aufgebaut hatte. „Niemand ist uns abgesprungen, und mein Ziel war es, die volle Verantwortung zu übernehmen, selbst den Schaden voll und ganz wiedergutzumachen. Niemand anderes soll zu Schaden kommen." Das ist ihm gelungen durch den fast unmenschlichen Einsatz aller. Mit Stirnlampen haben sie Brot gebacken. Ein Schmunzeln zaubert sich ins Gesicht, wenn er hört, dass man heute allerorts über Werte diskutiert. Für ihn gilt: Verantwortung muss persönlich gelebt werden. Der Satz hört mit dem Punkt und nicht dem Beistrich auf. Niemand soll durch mich zu Schaden kommen. Natürlich gehen die Gedanken zu denen, die ihren wirtschaftlichen Erfolg dadurch errungen haben, indem sie den Schaden auf andere abgewälzt haben. Sie stehen auf den Schultern anderer, die ihren Dreck ausbaden müssen.

Aber nicht genug. Er geht selbst um ein Holzscheit, um im Ofen nachzulegen. Immer hat Helmut Gragger in der Bäckerei Lehrlinge ausgebildet. Heute suchen Unternehmen immer nur perfekte Leute. Es gibt de facto keine Zeit mehr, in die Aufgabe, in das Handwerk hineinzuwachsen. „Wir haben immer auch jene ausgebildet, die ein Nicht genügend im Zeugnis hatten. Meine Erfahrung ist, dass diese Leute sehr gute Bäcker geworden sind und tief verbunden sind mit unserer Brot-Philosophie.“ Das sieht Gragger als den ganz praktischen Weg der Inklusion. Ein besonderer Wert in unserer Zeit, der oft proklamiert und selten gelebt wird. So kam er schließlich nach Senegal. Immer wieder finden sich Weggefährten, die ihm neue Perspektiven eröffnen, schenken. Er ist vom Gedanken und der Erfahrung getrieben: Gerechtigkeit geht. Man muss sie nur sehen und tun. In Senegal arbeitet er mit der evangelischen Kirche, der Auslandshilfe der Caritas und dem österreichischen Entwicklungsdienst zusammen, um den Leuten mit seinem einfachen Backofen die Unabhängigkeit zu ermöglichen. Die Leute können mit der Hochleistungstechnologie der Konzerne nicht mithalten. Klein- und Mittelbetriebe hören auf. Es ist in diesem Fall besser, einen Schritt zurück in die Einfachheit zu machen, als weitere Schritte nach vorne in die Abhängigkeit. In Afrika sind 80 % der Brotproduktion in libanesischer Hand. „Wir erleben gerade aufgrund der verwendeten Enzyme einen enormen Geschmacksverlust. Die Menschen fallen weltweit täglich auf das teure Marketing der Brotketten herein.“ Gragger will es anders machen. Und mit ihm tun das mittlerweile vier bis fünf Bäcker in Wien. Tendenz steigend. Sie fühlen sich in der Verantwortung. Hier erwacht grade etwas, was eingeschläfert werden sollte. Das ursprüngliche Brothandwerk findet immer mehr Konsumenten, die sich diese maschinell gefertigten Teigwarenmischungen nicht mehr gefallen lassen.

Jedes Gespräch mit Gragger hat eine ruhige und bescheidene Tonalität. Nahrung für meine Seele. Drei Stichworte sind dem Zukunftsbäcker wichtig geworden: nachhaltig – sozial – ökologisch. Er hat seine Öfen selbst entwickelt. Das sind keine Maschinen, sondern Brutstätten für den Natursauerteig, dem Zeit zur Aromaentfaltung gegeben wird. „Wir vertreten die Philosophie, dass Dinge ihre Zeit brauchen." Der Energieaufwand ist entscheidend für den Brotpreis. Deshalb hat er für Afrika einen „Solarbackofen" entwickelt. Er weiß: Je ärmer das Land, umso teurer das Brot. Aber auch dort musste der innovative Bäcker ein Scheitern ertragen. Der breite Einsatz des Solarbackofens ist dem Schiefergas zum Opfer gefallen. Es hat sich nicht mehr gerechnet. Und genau das ließ den Pionier nicht ruhen. Heute werden aus organischen Abfällen Briketts erzeugt, die die Energie liefern. Gerade die internationalen Konzerne bringen im Großen und Ganzen alles zu Fall, was nachhaltig und umweltverträglich wäre. Mit dem Stichwort „sozial" sieht sich Gragger darin verpflichtet, Schwächere in den Arbeitsprozess hereinzunehmen. „Wir haben immer auf die Menschen, die Mitarbeiter gebaut. Wenn man gemeinsam arbeitet, geht man einen gemeinsamen Weg." Das sind keine anonymen Abläufe. In der Backstube arbeitet ein Ägypter, den er als Flüchtling hereingenommen hat. Genauso erlebt er sich umgekehrt sozial getragen, wenn sich wirklich gute Leute einbringen und sich für seine Produktionsweise ins Zeug legen. Ein Universitätsprofessor, der nicht genannt werden will, wirkt an der Verwirklichung der Inklusion mit seinem Wissen und seiner Expertise federführend mit. Ganz konkret. Und „ökologisch" verwirklicht er in den verwendeten Grundmitteln. Die ganze Kette des Entstehens wird naturnahe gestaltet. Weite Wege, der Einsatz von chemischen Hilfen oder eine Produktion hinein in die vollen Regale des grenzenlosen und immerwährenden Konsums gehen somit gar nicht mehr. Woher nimmt der Mann Mut und Kraft angesichts der Back-Boxen und Back-Straßen? Gragger sieht, dass viele Junge nachkommen, die extrem gut arbeiten, nachhaltig sind, das Handwerk gelernt haben und Einsatz zeigen. „Wir finden und besetzen mit unseren Produkten gerade die Nischen, wo das Neue entsteht." Wer die Augen aufmacht, sieht: Rundherum wachsen solche Pflänzchen. „Darauf schauen wir, und das gibt Mut." Dazu ist Vernetzung ganz wichtig. „Zu Ende denken und zu Ende tun ist ein Wert, der Menschen heute verbindet und verbündet." Der Satz endet eben nicht mit dem Beistrich, sondern mit dem Punkt am Ende. Helmut Gragger gehört zu jenen wertvollen Menschen, die ich kennenlernen durfte, von denen ich lerne.

Bilder prägen sich neu ein. Neue Sichtweisen suchen einen Platz. Alte müssen gehen. Es braucht Pioniere auf allen Gebieten. Menschen, die eine neue Welt sehen und begehen. Oder zumindest die bestehende Welt neu sehen und neu zugänglich machen. Natürlich braucht das Mut in einer Zeit, wo dieser Mut nicht belohnt wird. Ich durfte viele Menschen in der Kirche und weit darüber hinaus persönlich begegnen, die diesen Mut aufgebracht, Neues gewagt haben und heute diese „neue Welt" schon darstellen, verwirklichen, leben. Ich selbst habe das auch immer wieder ansatzweise probiert. Mit mehr oder weniger Erfolg. Aber Erfolg ist nicht die Sprache Gottes. Der in Lustenau geborene Fredmund Malik antwortete auf die Frage, ob heute Führungskräfte mutig genug sind für neue Ansätze, recht realistisch: „Viele sind es nicht, aber es dürfen viele ja auch Ängste haben. Von den Mutigen genügt eine kritische Zahl. Wir brauchen 5 bis 15 Prozent der Führungskräfte in einer Pionierrolle. Und ich denke, so viele gibt es auch. Die Problematik ist: Pioniere wissen, was zu tun ist. Aber sie wissen oft nicht, wie sie gegen die Widerstände des Systems antreten müssen." Malik kennt als Managementberater die Welt der Konzerne. Hier spricht einer, der weltweit Management geprägt hat und prägt. Diese „weltliche Welt" ist in ihren Grundvollzügen gar nicht viel anders als die der Kirchen und Religionen. Oder umgekehrt. Ich durfte in die Welt der katholischen Kirche in der Diözese Linz und darüber hinaus hineinschauen, von ganz unten bis fast ganz oben. Unser Pfarrprovisor hat zu mir mehrmals gemeint: „Du wirst sehen: Je weiter du oben in die Kirche hineinschaust, umso mehr wird dein Glaube geprüft." Recht hatte er. Bis zu meiner Entpflichtung 2009 habe ich bei der Bestellung und Verhinderung des von Rom für die Diözese Linz bestellten Weihbischofs fast alles gesehen, was kirchliche Machtpolitik und Interessenkonflikte können. Ich durfte zum Vergleich 2011 auch ansatzweise in die Welt der Politik als Geschäftsführer eines Think Tank für Zukunftsfragen hineinschauen. Auch nicht anders. Kirchen ist ihr unglaubliches Beharrungsvermögen eigen und genauso der Machtgestus. Die bestehenden Machtsysteme sollen sich nicht ändern. Und doch ist das Tiefste bei der Eucharistie die Wandlung. Wandlung unbedingt, Veränderung bitte nein. Pioniere werden als lästig abgestempelt. Das Durchhalten wird belohnt. Das sieht man alleine daran, dass Auszeichnungen entlang der Jubiläumszahlen 25, 50 oder 75 Jahre vergeben werden. Wer lange aushält, wird anerkannt. Durchhalten. Klar ist: Es braucht

Pionierinnen und Pioniere, um den Wandel, die Transformation, die Veränderung zu schaffen. Gerade heute. Nicht um der Veränderung willen, sondern weil wir spüren und sehen, dass einiges aus den Fugen gerät. Beständigkeit und Dynamik widersprechen einander nicht. Die Kirche richtet derzeit ihren Fokus auf das Bestehende, die Wurzeln, das Woher und weniger auf die Bewegung, die Krone des Baumes, die atmet und Licht aufnimmt, und auf die Zukunft, das Wohin. Zögerlichkeit liegt im Raum. Status vor Dynamik.

Seit meiner Gymnasialzeit kenne ich einen weiteren Pionier unserer Tage. Er wird als solcher in die Geschichte eingehen. Heini Staudinger ist schon Anfang der 70er-Jahre nach der Matura mit einem Schulfreund mit dem Moped von Oberösterreich durch die Wüste Sahara nach Tansania in Afrika gefahren. Ich kann mich noch gut erinnern, wie die Mehrheit der Professoren am Gymnasium über diesen „Unsinn" geätzt haben. Ihr Jüngeren, macht keine Unsinnigkeiten, war der Grundtenor. Nur unser Musik- und Religionsprofessor und späterer Dompfarrer Johann Bergsmann hat immer voller Anerkennung erzählt, wo sich die „Wüstenpioniere" gerade befinden. Das ist mir in Erinnerung geblieben: Die Wertschätzung diesen zwei jungen Maturanten gegenüber, die eine unglaubliche Pioniertat erbracht haben. Heini Staudinger hat bis heute eine Spur von genossenschaftlichen Pioniertaten hinterlassen. Die Waldviertler Schuhwerkstatt GEA, die genossenschaftlichen Aktivitäten, das neue Crowdfunding-Gesetz, das er in der EU gegen den Widerstand der österreichischen Finanzmarktaufsicht durchgebracht hat, bis hin zu den sozialen Initiativen und der Realisierung der GEA-

Akademie. Diese Person ist nicht in einem Absatz einzufangen. Er sprüht, wen er vor Menschen spricht. Er motiviert zum Widerstand, wo andere mit plausiblen Erklärungen aufwarten. Er schaut dahinter, darunter, verschafft sich Überblick. Er ist über Österreich hinaus bekannt. Wir sind einander immer wieder begegnet. Am Höhepunkt im Streit um sein Crowdfunding für seine Firma in Schrems hat er erzählt, wie er vor dem Finanzausschuss der EU-Kommission geladen wurde. Er hat begonnen, sich vorzustellen. Der Vorsitzende zu ihm: „Sie brauchen sich nicht vorzustellen. Wir reden jeden Tag über Sie." Er: „Das hat mich dann doch überrascht. Wir sehen, wie ein einzelner Mensch etwas in Gang bringen kann, wenn er den wunden Punkt einer großen Organisation erwischt, benennt, bearbeitet, drückt." Die Banken wollten sich zusammen mit den großen Playern am Kapitalmarkt ihre exklusive Stellung absichern. Dass sich das nicht mehr ausgehen wird, haben sie selbst gespürt. Das hat sie dünnhäutig gemacht. Immer mehr und größer kann nicht funktionieren. Der feinsinnige und unglaublich empathische Schuh- und Finanzrebell schreibt auf seine Einkaufstaschen: „Nie ist zu wenig, was genügt." Das alleine ersetzt einen ganzen Wertekanon.

„Viel mehr wesentlich weniger" haben wir 2015 eine Videoserie mit „Brückengesprächen" von Ordensleuten und Experten mit Pioniererfahrung genannt. Heini Staudinger haben wir zusammen mit dem Vorsitzenden der Männerorden Abt Christian Haidinger in die Arche Noah in Schiltern in Niederösterreich eingeladen. Die Arche Noah war Ausgangspunkt bei der Verhinderung der EU-Saatgutverordnung, die das Recht über das Saatgut den Agrarkonzernen gegeben hätte. „Mut zum Widerstand“ war der thematische Anker des Gesprächs in der Vielfalt der Pflanzenwelt. Staudinger spricht dort vom rechten Maß, das die Menschheit immer gesucht hat. Recht eindrücklich sagt er: „Wenn wir uns fressen lassen von dem Immer-Mehr, gehen wir als Ganze verloren.“ Damals war die Klimadiskussion noch leiser und doch hat er schon laut und eindringlich davon gesprochen, dass wir einen „Weg ins Weniger“ finden müssen. Wie geht das Wachsen hinein in die Reduktion, in das Weniger? Genau diese Frage brennt auch in mir als wesentliche Zukunftsfrage. Im Gespräch wurde klar formuliert, „dass die milliardenschwere Werbeindustrie kein Interesse daran hat, dass wir das rechte Maß finden. Sie schüren mit allen zur Verfügung stehenden Mitteln das Gefühl in jedem Menschen, dass immer noch mehr geht. Die Sehnsucht nach dem Mehr-Haben darf nicht erlöschen.“ Heini Staudinger hat selbst keinen Besitz und kein übliches Gehalt. Er nimmt nur das heraus, was er unbedingt zum Leben braucht. Wir besuchen ihn im Sommer in Schrems. Er kommt uns über den Hof barfuß entgegen. Er hat Ghandi im Kopf, wenn er 2019 den Salzmarsch vom Waldviertel nach Wien macht, um die Regierenden daran zu erinnern, dass sie nicht Machtinteressen der Großen dienen sollen, sondern für die Kleinen da sind. Am Ende des Gesprächs meint er: „Das rechte Maß ist nicht Verzicht, sondern die Chance auf Befreiung.“ Befreiung von Konsumschrott, von Dingen, die unser Leben unfrei machen, und einer Lebenshaltung, die einzwängt in falsche Erwartungen. Das Coronavirus hat hier massiven Nachhilfeunterricht gegeben. Gerade diese Abkehr vom Konsumwahn braucht Pioniere des Widerstandes. Der Wert des Widerstandes ist unterbelichtet. Und immer wieder kommt mir Jesus als Rebell in den Sinn. Auch der heilige Franziskus oder Franz und Franziska Jägerstätter. Sie lassen sich alle nicht hineinbügeln in ein menschenverachtendes System oder eine Kirche, die daneben läuft. Hier sollte es Auszeichnungen zu Lebzeiten geben. Nicht erst posthum in Form der Seligsprechung wie bei Franz Jägerstätter. In jeder Leitungssitzung soll dieser Frage Platz gegeben werden: Hat irgendwer eine Pionierin oder einen Pionier kennengelernt, gehört? Da meine ich nicht die kirchlichen Sonderlinge, die ihre egoistischen und zum Teil bequemen Sonderwege gehen. Pioniere im Dienst der Gemeinwesen im Land, vor allem für die am Rand. Und drei Jahre lang werden Pionier-Versuche ausgezeichnet, auch gescheiterte. Aufwachen.

In diesem Zusammenhang fällt mir immer der große politische Theologe Johann Baptist Metz ein, über den ich schon 1981 meine Diplomarbeit zur Entwicklung der politischen Theologie schreiben durfte. Der 2019 Verstorbene gehörte zu den führenden Befreiungstheologen Europas. Meine Diplomarbeit steht geduldig im Buchregal. Auch besser so. Wichtiger sind die Gedanken, die ich damals aufgesaugt und in mir inkarniert habe. Die Welt ist nicht Gegner, sondern Erfüllung der Verheißungen Gottes. Deshalb spricht er von der tiefen Verweltlichung der Welt. Wenn die Welt in ihrer Gestalt in Erfüllung geht, dann hat die Schöpfung Gottes ihr wahres Gesicht angenommen. Der Mensch entpuppt sich allerdings als Räuber, als Weltausbeuter, als Fremdgänger. Er hat die Spur Gottes verlassen. Er sucht den Eigennutzen vor dem

Gemeinwohl und holt sich, was er nur kann. „Macht euch die Erde untertan“ hat er komplett falsch verstanden. Die Enzyklika *Laudato Si’* von Papst Franziskus beschreibt eindringlich dieses „Alles ist mit allem verbunden“. Der Papst fordert zum Widerstand gegen die Ausbeutung der Mitwelt in Gestalt von Mensch und Erdkugel auf. Nicht mehr Umwelt, sondern Mitwelt. Der Paradigmenwechsel. Wir kennen das vom Mitmenschen. Die Welt haben wir aber objektiviert, uns herausgehoben und gegenüber Platz genommen. Geht nicht, sagt *Laudato Si’*. Wir sind Teil dieser Welt, Schöpfung. Die Kirche als Ganze hat hier eine ganz besondere Aufgabe und Mission, der sie in voller Breite noch kaum nachkommt. Mit *Fridays for Future* und anderen ökologischen Bewegungen nimmt das Bewusstsein Fahrt auf. Metz hat bei mir ein schönes Bild hinterlassen, was die Kultivierung und Motivation zum Widerstand angeht. Er schildert, dass gesellschaftlich der Kampf David gegen Goliath stattfindet. Das Große fährt über das Kleine drüber. Zu oft und zu gerne ist auch die Kirche bei den Mächtigen und Großen, weil sich das Leben reicher und bequemer gestaltet. Nein, sagt Metz, die Kirchen sind David und die Theologie sitzt hinter dem Ohr des David und ermutigt und inspiriert ihn im Kampf als „Einflüsterin“. Widerständige Pioniere haben es oft schwer, einen Platz zu finden. Meine Erfahrung bei den Ordensgemeinschaften hat mir auch gezeigt, dass es dort ganz wenige gibt, die wirklich Widerstand leisten und mit einer tiefen und großen Radikalität ans Werk gehen. Zu den Ordensgründerinnen und Ordensgründern kommen wir noch, die fast alle diesen „Widerstand gegen das Faktische“ als ihre Berufung gesehen haben. Immer öfter sind mir daher Menschen wie Heini Staudinger, Helmut Gragger, Erich Stekovics oder Ernst Gugler zu sympathischen Vorbildern und Ermutigern geworden. Kirche ist ihnen nicht fremd, aber fremd geworden. Das macht mich immer nachdenklich. Ein Mann schreibt über Männer. Das ist gut so und doch zu wenig. Es gibt sie genauso, die Pionierinnen.

Gerne erinnere ich mich an das Gespräch mit der Landeshauptmann-Stellvertreterin von Salzburg, Astrid Rössler, mit Abt Johannes Perkmann von der Abtei Michaelbeuern und der Don-Bosco-Schwester Elisabeth Siegl im Salzburger Zoo für unsere Videoreihe „viel mehr wesentlich weniger". Der Themenfokus war auf „Status aus dem Weniger" gerichtet. Sie kam mit dem Fahrrad zum Gespräch, wo andere mit dem Dienstwagen chauffiert werden. Wir haben einen Platz im Zoo gesucht und gefunden. Äffchen hüpften hinter uns über die Seile und redeten lautstark mit. Sie waren aufgeregt ob der Fremden in ihrer gewohnten Umgebung. Status und Rangordnung unter Tieren spielt immer eine besondere Rolle. Wer ist Erste, wer Letzte in der Hierarchie, wer irgendwo dazwischen? Dieses Ranking der Tiere ist fast eins zu eins auf den Menschen umzulegen. „Vergleiche und das Unglück beginnt." Diese Weisheit schlägt in dieselbe Kerbe wie die nicht stillbare Sehnsucht nach dem Immer-Mehr. Milliardäre sind erst dann zutiefst unglücklich, wenn sie erfahren, dass ein anderer noch mehr hat. Geleitet von der Einsicht, dass nicht alles immer mehr sein kann, trifft die Frage nach dem „Status aus dem Weniger" direkt ins Mark. Wenn ein Mensch mit Weniger lebt, geht er oder sie gefühlsmäßig nach unten. Mir selbst ist es 2019 so ergangen, als ich meine Aufgabe bei den Ordensgemeinschaften zugunsten von Beziehung und Familie in Oberösterreich aufgehört habe. Das war ein schwer reduktiver Schritt, den ich mental und gefühlsmäßig verarbeiten musste. In dieser Zeit kam mir die Aussage von Astrid Rössler wieder in den Sinn, die sinngemäß gemeint hat, dass weniger durchaus eine höhere Lebensqualität bringt. Ihre Amtsgeschäfte in der Landesregierung waren die Bereiche Umwelt- und Klimaschutz, Raumordnung, Gewerbe und Naturschutz. „Wir haben Geschwindigkeit herausgenommen und damit Qualität erhöht. Das wurde honoriert." Eine offensichtliche Reduktion hat eine Steigerung bewirkt. In der Politik geht es normalerweise Schlag auf Schlag. Wer die Taktzahl erhöht, wird von den Medien gehört. Nach den Videoaufzeichnungen sind wir noch länger im Gespräch gewesen. „Off the records" war für mich als Medienmensch fast immer eine interessante Erfahrung, mit neuen Einsichten und Erkenntnissen verbunden. Neue Sichtweisen wurden geöffnet, die oft sehr persönlich waren oder für die breite Öffentlichkeit noch nicht „fassbar". Damals hat die Landesrätin erzählt, wie Reiche und Investoren versuchen, die Raumplanung im Sinne des Gemeinwesens, wie sie es verstand und praktizierte, für ihre eigenen Projekte zu beeinflussen, ja auszuhebeln. Sie haben beispielsweise unter dem Stichwort „Naturnahes Bio-Hotel" Projekte eingereicht in unberührter Natur. Den Bürgermeistern ist es gar nicht aufgefallen, dass selbst „naturnahe" Projekte die unberührte Natur radikal verändern. Diese Investoren waren so schlau, dass sie das Bauwerk selbst fast unsichtbar gestalteten. Da kann man doch nichts mehr dagegen haben. Sie als oberste

Behörde für Raumplanung musste natürlich darauf hinweisen, dass hier vieles unwiederbringlich zerstört würde. Sie musste im größeren und nachhaltigen Interesse gegen die lokal agierenden Politiker entscheiden. Nicht einfach. Unberührte Natur retten. Aus dieser Erfahrung heraus hat sie vor dem Weggehen gemeint: „Stille und Finsternis sind die Ressourcen der Zukunft." Der Wert der Stille in der lauten, überall beschallten und beleuchteten Zivilisation geht verloren. Sie trifft einen wunden Punkt unserer Gesellschaft. Jeder weiß, dass Stille und Finsternis schwer auszuhalten sind. Wer es kann, kennt die Folge: Innere Freiheit und Souveränität. Ein tiefes Anliegen der Mystik und christlichen Spiritualität von einer Politikerin auf den Punkt gebracht.

2015 durfte ich erstmals persönlich Sr. Martha Zechmeister aus El Salvador in Innsbruck kennenlernen. Eine unglaublich wache und helle Frau, Ordensfrau, Theologin. Ihre Gedanken, die sie bei den Ordensfrauen vorgebracht hat, haben meine Ohren aufgesaugt. Es geht nicht darum, die Verwundeten unter dem Rad zu verbinden, sondern dem Rad selbst in die Speichen zu greifen. Das heißt: Gott findest du im Zusammenprall mit der Wirklichkeit. Das Evangelium aktualisieren heißt nicht, es ins Heute herein zu modernisieren, sondern es hier und heute Wirklichkeit werden zu lassen. Sie verwendet jede Gelegenheit, um gerade Christinnen und Christen einen besonderen Zugang aus befreiungstheologischer Sicht zu vermitteln. Es geht ihr immer darum, das Evangelium von Jesus nicht als schöne, brauchtumsorientierte Attitüde des Lebens verkommen zu lassen. In Europa sind wir von Ferne betrachtet gerade dabei. Christen glauben nicht an die Liebe. Sie lieben. Christen glauben nicht an die Hoffnung. Sie hoffen. Christen glauben nicht an den Glauben. Sie glauben. Christen glauben nicht an die Nachfolge. Sie folgen Jesus im Alltag ganz konkret nach. Die Ordensfrau in Zivil formuliert das mit ihrer eindringlichen verständlichen Stimme. Diese Sichtweise hat sich 2009 bei mir auf meinem Weg nach Assisi unglaublich verstärkt. Den Spalt aufgemacht und meine Theologie in diese Richtung verdichtet hat meine Arbeit über die politische Theologie von Johann Baptist Metz. Zechmeister bringt es auf den Punkt: „Es geht um eine Kirche, die sich von den Armen her konfiguriert. Die Option mit den Armen heißt, sich von den Armen und Entrechteten her zu sehen. Es gilt mehr denn je zu entdecken, wie und wo Jesus gehandelt hat. Er war einfach mit den Armen." Zechmeister formuliert die Ansage, „dass in den letzten 2000 Jahren die Jesus-Geschichten im Evangelium nicht wirklich theologiebildend gewesen sind." Sie erinnerte an P. Rutilio Grande und Erzbischof Oscar Romero: „Kirche bilden heißt, sich bedingungslos auf die Seite der Verfolgten zu stellen und sie mit allen Mitteln zu verteidigen." Diese Verfolgten sind „das gekreuzigte Volk. Der Gekreuzigte sind die Verlassenen". Diese Betrachtungsweise aus El Salvador ist für einen Europäer in der Komfortzone eine Zumutung im wahrsten Sinne des Wortes, ein Aufruf zum Mut. „Beweg deinen Arsch." Und genau dieses kühne Sprechen in dieser Weise vom Kreuz mit dem unmittelbaren Bezug zur Wirklichkeit braucht es heute mehr denn je. „Am Kreuz kommen wir Christen nicht vorbei. Nein, wir Christen schreiben dem Kreuz erlösende Wirkung zu." 2019 war sie Referentin bei der Pastoraltagung. Ich weiß noch, wie die mehr als 300 Zuhörer ganz still wurden. Zechmeister ließ nicht nach und appelliert an das Gewissen jedes Einzelnen und jeder Einzelnen: „Wo bin ich in menschenverachtende Strukturen direkt und indirekt verwickelt?" Die Leute schauten um sich. Betroffen musste ich über mich feststellen: Unser Leben ist zu einem großen Teil auf menschenverachtende, ausbeuterische und ungerechte Strukturen aufgebaut. Wir verstehen es zu gut, die Hintergründe zu verbergen und im Dunkeln zu lassen. Die Mutter von Greta Thunberg bringt es ebenso auf den Punkt: Die Unwissenheit und Unkenntnis der Lage ist mittlerweile zur Ressource der Mächtigen und Reichen geworden. Wenn der Mensch nicht versteht oder verstehen will, geht es weiter wie bisher. Davon profitieren die Machthabenden.

Meine Zivildienstzeit bei den Obdachlosen taucht auf. Die Zeit als Pastoralassistent wird lebendig, wo ich in der Dompfarre Linz immer wieder mit obdachlosen „Sandlern" zu tun hatte. Nach der Schule bin ich mit meinem Fahrrad bei ihnen im Dompark vorbeigefahren. Sie saßen da, tranken aus einer Weinflasche. „Trink", haben sie gemeint. Und ich habe getrunken. Beim Begräbnis von Gottfried Aigner, einem Obdachlosen, den wir im Pfarrhof aufgenommen haben, hat mir einer zugeflüstert: „Du bist der einzige, der aus unserer Flasche trinkt." Ich habe gar nicht gewusst, wie viel ihnen das bedeutet hat. Wenn wir tief hineinspüren in die Handlungen Jesu, spüren wir: „Die Wirklichkeit Gottes ist der Arme, der lebt. Gott findest du im Zusammenprall mit dieser Wirklichkeit und Realität." Gott im Zusammenprall. Das ist nicht lieblich, sondern ziemlich brutal. Zechmeister sieht ein großes Erbe der Märtyrer, denen wir verpflichtet sind: „Es verpflichtet uns zur Redlichkeit im Umgang mit der Wirklichkeit. Wir müssen die Wirklichkeit sehen, wie sie ist, und uns nicht Vorstellungen von der Wirklichkeit hingeben. Es gilt für uns Christen, das volle Gewicht der Wirklichkeit auf uns zu nehmen. So gilt es auch, die Ehre Gottes im Kampf für das Leben der Opfer zu verteidigen und den Opfern unser Wort zu geben." Die ungerechte Verteilung auf der ganzen Welt ist in El Salvador als Hotspot zu sehen und tödlicher denn je. Zechmeister schildert, wie sie mit Jugendlichen, die der Gewalt verfallen waren, neu die Glaubenskraft und eine Vitalität in der Ungerechtigkeit entdeckt und genau das Hoffnung und Resilienz bringt. Da geht es um Keime der Hoffnung. Sie erzählt von Projekten, die vor allem von Jugendlichen und Frauen selbst getragen sind. Ein Jugendhaus an den Bruchlinien in der Stadt stellt sie vor. Von der subversiven und befreienden Kraft der Straßenkunst von Jugendlichen, die sich so gegen die Logik der Gewalt stellen, berichtet sie. Sie ist angerührt von Pfarrgemeinden, die Alternativen leben. Zechmeister lässt keinen Zweifel, dass die wirklich befreiende Kraft von unten kommt und die humanisierende Kraft bei den Letzten liegt. Wo liegt Mitte? Wo ist Rand? Wo zwischen beiden die Zukunft? Diese drei Fragen strahlen wieder auf angesichts dieser lebendigen und überzeugenden Ordensfrau, die für die Pastoral eine Aufforderung von Papst Franziskus in Erinnerung ruft: „Schafft Andersorte." Das heißt, „Perspektiven eröffnen, einschließen und nicht marginalisieren". Die Wichtigkeit des Zusammenhaltes bringt sie mit dem Ausspruch auf den Punkt: „Wir retten uns nur gemeinsam als Maiskolben und nicht als Maiskorn alleine."

Eine Präsidentin ist im titelverliebten Österreich nicht irgendwer. Sie darf und soll jene Fragen stellen, die sonst kaum wer stellt. Dafür sind die Ordensfrauen da. „Wo sind die Schmerzpunkte der heutigen Gesellschaft?" Die Verletzbarkeit des Lebens ist ein Zugang, um die Menschenwürde für alle zu begründen. Die Präsidentin der Vereinigung von Frauenorden in Österreich, Sr. Beatrix Mayrhofer, trägt diese Frage immer wieder vor, um zu sensibilisieren für den Rand, die Gefallen, die Outsider oder überhaupt Übergangenen. Sie sieht das als Aufgabe der Orden und der Ordenschristen. Die quirlige und pfiffige ehemalige Schuldirektorin in der Friesgasse in Wien wurde zur Präsidentin der Frauenorden gewählt. Bei ihrem Amtsantritt 2012 hat sie ihren Platz bei den Flüchtlingen in der Votivkirche in Wien gesehen. Sie hat in den Jahren ihrer Präsidentschaft bis 2020 durch kluge, klare und pointierte Aussagen glaubwürdige Präsenz zugesprochen bekommen, vor allem im öffentlichen Raum, über die Religions- und Konfessionsgrenzen hinweg. Sie wurde so zu einer moralischen Autorität der katholischen Kirche in Österreich. Durch eine schlimme Krebserkrankung 2019 wurde sie schwer gebremst. Gerade auch in dieser Zeit, wo sie selbst gesundheitlich an den Rand gedrängt wurde, waren ihre Gedanken bei ihresgleichen an den Bruchlinien des Lebens. Immer wieder erinnerte sie an die Gründungen der Orden, die zum Großteil mutige und unkonventionelle Zugänge zur Not, zur Schieflage der jeweiligen Zeit waren. Und heute? Wir leben in einer total ökonomisierten Gesellschaftsordnung. Alles wird am Mammon, am Geld, am Profit, den man beschönigend Ertrag nennt, ausgerichtet. Von den Ordensleuten werden immer sehnsüchtiger Widerstand und Alternativen erwartet. Die Präsidentin ist eine von den subtilen Widerstandskämpferinnen.

Den Musiker Konstantin Wecker hole ich hier zu Hilfe, den ich im Stift St. Florian persönlich getroffen habe. *Mönch und Krieger* heißt sein Buch. Wer so etwas sagt, verdient meine Neugierde und ich suche ein Gespräch. Berührend, wie er die spirituelle Dimension des Lebens auslotet und speziell das Leben und den Dienst der Ordenschristen sieht: „Wie kann heute jemand für die spirituelle Welt geöffnet werden, dem jeder Zugang zum Nicht-Rationalen versperrt ist? Wahrscheinlich nicht, indem man Heiligenbilder verteilt. Es muss einen anderen Weg geben." Er sagt das mit einer großen Leidenschaft. Viel zu wenig wird heute aus seiner Sicht gesehen, wie viele Menschen sich sozial engagieren. Empathie existiert, aber sie findet sich nicht wieder in der Hierarchie der gesellschaftlichen Werte und der öffentlichen Anerkennung. Wecker sieht in den Orden einen Ort, der Raum gibt, auch der Nutzlosigkeit: „Im Tun mit Hingabe und im Gebet verlassen wir die Zeit. Das Korsett unseres Zeitempfindens braucht eine Öffnung." Andersorte sind nach Konstantin Wecker „Spiegelorte": „Der Gesellschaft den Spiegel vorhalten. Aus der Empathie heraus das Liebevolle leben, ein tätiges Mitgefühl entwickeln und gestalten helfen." Man könnte es nicht schöner sagen. Und man hört einen fast brutalen Anspruch heraus. Aus meiner Sicht entdecken Ordensleute diesen besonderen Wert gerade selbst. Interessant find ich, dass gerade in der Zivilgesellschaft immer mehr Menschen auftauchen, die sie auf ihre „Entdeckungsreise“ mitnehmen können. Wecker meinte beim Gespräch: „Weißt du, es werden täglich Ordensgemeinschaften gegründet. Nur nicht in der Kirche.“ Das war immer mein Bestreben, die Gemeinschaften zu öffnen für jene Vorgänge und Suchbewegungen, die aus der Zivilgesellschaft heraus „verwandt“ sind. Und gerade die Brücke hin zur Zivilgesellschaft sieht die Präsidentin, wenn sie sich zu Gesprächen mit vordergründig Fremden trifft.

Gut erinnern kann ich mich an das Gespräch von Sr. Beatrix Mayrhofer mit Alfred Komarek am Fuße des Kahlenbergs in einer Hütte eines Heurigen. Der Schriftsteller und Autor zahlreicher Bücher, Hörspiele und Fernsehserien steht für „Polt“ in verschiedenen Variationen. In seiner sichtbaren Bescheidenheit bringt er sich mit seinem Wissen und seinen Erfahrungen ein. Unser Themenfokus war „Weniger ist wesentlich“. Es geht um Bildung als Resonanzraum für diese Behauptung. Mayrhofer schilderte anhand des Weingartens, der uns umgeben hat, worauf es bei Bildung ankommt: Behutsamkeit, Geduld und Aufmerksamkeit. So wächst etwas Gutes, aber wachsen muss es selbst. So kommen Blüten und Früchte. Alfred Komarek sieht eine bedauerliche Entwicklung hin zum „Fachidioten“. Bildung geht gerade verloren und alles wird Ausbildung, damit es fachlich verwertbar ist. Das ist eine Einengung, die uns auf Dauer nicht guttut. Der Neugier wieder mehr Platz geben und Raum schaffen für zweckfreies Suchen. „Hoffentlich erwürgen wir die Neugierde nicht in unseren Schulen und Bildungseinrichtungen.“ Es geht immer um den inneren Anruf, den jeder Mensch in irgendeiner Form spürt, wenn er oder sie ganz offen und wach hinhört. Das Gespräch wechselt wie von selbst hin zur Lebensform der Ordensleute entlang der evangelischen Räte Armut, Ehelosigkeit und Gehorsam. Gerade dieser Lebensentwurf hat das Wesentliche im Auge, die Gottsuche und die vorbehaltlose Hingabe in einer Aufgabe an die Menschen. „Das schaut nach außen immer wie ein großer Verzicht aus, ist aber richtig verstanden eine unglaublich große Freiheit. Wer gottverbunden lebt, ist freigespielt. Das, was landläufig das Lebensglück von Menschen ausmacht, auszulassen, kann das noch viel größere Glück bedeuten." Die Gesichtszüge und die Körperhaltung der Präsidentin sprechen dieselbe Sprache: froh und leicht, nicht schwer oder gedrückt. Die ganz tief bei Gott angebundene Freiheit funkelt aus ihren Augen. Man kann beispielweise glücklich sein ohne Besitz oder intime eheliche Beziehung. Der Schriftsteller bestätigt das aus seiner Erfahrung. Die Arbeit an Texten und den Figuren der Texte macht ihn auch zeitweise „ehelos", weil sie sein Leben bestimmen. Ein Schriftsteller, der nicht vom, sondern für das Schreiben lebt, das Schreiben als seine Berufung, seinen Ausdruck, seine Verwirklichung sieht, erlebt das Schreiben auch als eine Beschränkung, die in Wirklichkeit eine Befreiung darstellt. Auf meinem Weg damals 2009 nach Assisi zu Fuß in 52 Tagen ist mir in der Klara-Basilika jenes Gebet begegnet, das ich im Tiefsten immer gesucht habe: „Höchster, glorreicher Gott, erleuchte die Finsternis meines Herzens und schenke mir rechten Glauben, gefestigte Hoffnung, vollendete Liebe und tiefgründende Demut." Der heilige Franziskus betet aber dann weiter vor dem Kreuz von San Damiano, und genau diese Bitte hat mich damals tief berührt: „Gib mir das Empfinden und Erkennen, damit ich einen heiligen Auftrag erfülle, den du mir in Wahrheit gegeben. Amen." Bei jedem Lesen fühle ich mich direkt angesprochen. Manche sehen darin eine Art Fremdbestimmung. Das Suchen und Entdecken des Schatzes, der in mir liegt, ist ein unglaubliches Glück. Als Glaubende sagen wir, dass wir den Schatz von Gott bekommen haben. Aber auch Nicht-Glaubende spüren etwas, das sie bei sich selbst entdecken wollen und können: Die eigene Berufung, den Auftrag, der einzigartig mit mir in Verbindung steht. Nur durch mich kann genau das zur Welt kommen. Da sind wir wieder bei der Bildung und den Schulen. Helfen sie, diesen tiefen Auftrag jedes und jeder Einzelnen aufzuspüren, freizulegen und in Gang zu bringen? Das wird nicht mit Tests gehen, sondern in Begegnungen. Allen Menschen auf der Welt wünsche ich, dass sie das Eigene tun dürfen und nicht irgendwelchen fremden und deformierenden Tätigkeiten nachgehen müssen. Dieses Hinhören auf die Berufung ist wahrscheinlich einer der tiefsten und wesentlichsten Werte. Zugerufen aus dem ganz inneren und dem Du am Lebensweg. Wer in seiner Berufung angekommen ist, der wird im Großen und Ganzen Selbstwirksamkeit und Lebensglück erleben. Aristoteles gibt uns eine Weisheit mit auf den Weg: Wo sich deine Talente mit den Bedürfnissen der Welt kreuzen, dort liegt deine Berufung. Sei aufmerksam, sei wach, entscheide. Das Leben kommt dir entgegen.

Würde ich hier ein Resümee wagen, dann würde ich es so sagen: Werte sind nichts Objektives, sondern immer personalisiert. Tröstlich und schmerzlich zeigt sich das beispielsweise für Eltern: Kinder werden wie die Eltern. Werte sind anschlussfähig oder totes Gebein, Asche, die angebetet wird. Werte sind situativ und können mit der jeweiligen Situation umgehen. Sie sind aber nie beliebig. Wer mit einem Speer quer durch den Wald geht, wird dauernd an Hindernisse anstoßen. Wer den Speer längs hält, wird für einen klugen Menschen gehalten. Werte sind eingewurzelt, gewachsen und nicht einfach postuliert. Walk the Talk! Wenn du predigen gehst, ist das Gehen die Predigt. Werte ermöglichen Stabilität und Ordnung. Den jungen Menschen das Leben „ordnen helfen" durch Vorleben ist ein großer Dienst. Werte geben Halt in der Bewegung. Im Gehen wird dein Inneres ganz neu ausgeleuchtet. Die Kraft liegt innen, nicht außen. Werte entstehen, wachsen und bewähren sich in der Bewegung. Dankbarkeit weiß, dass mir das Leben entgegenkommt. Die Erfahrung wird beim Gehen gestärkt, relativiert, schafft neue Werte an den Synapsen und Übergängen des Lebens. Zwischenräume sind Kreativitätsorte. Wer geht, erfährt die Relativierung des Besitzdenkens, weil Besitz belastend ist. Das Leben hat nämlich im Rucksack Platz. Persönlich erlebte, vorgelebte Werte geben Halt. Daraus entsteht Urvertrauen und Mut, Lebensmut und Wirkmächtigkeit. Gemeinsame Lebendigkeit.

Rituale geben dem Leben Rhythmus, Halt, Tiefe und Weite

Rituale sind symbolische Handlungen und Gesten. Damit werden Werte und Ordnungen tradiert, die eine Gemeinschaft tragen und lebendig halten. Nach Byung-Chul Han bringen sie eine „Gemeinschaft ohne Kommunikation" hervor, während heute eine „Kommunikation ohne Gemeinschaft" stattfindet.

Eine symbolische Wahrnehmung ist für Rituale konstitutiv. Rituale verwandeln das In-der-Welt-Sein in ein Zu-Hause-Sein. Sie machen damit aus der Welt einen verlässlichen Ort. Die Zeit wird damit bewohnbar, sie ordnen sie und richten sie ein, wie wir eine Wohnung einrichten. Sie stabilisieren durch ihre Wiederholung das Leben. Die Lebendigkeit von Ritualen sagt etwas über den Zustand der Gemeinschaft oder des Gemeinwesens aus. Der heute allgegenwärtige Produktions- und Selbstdarstellungs-Modus gefährdet die tiefe Kraft von Symbolen, Ritualen und spirituellen Handlungen. Rituale sind nicht herstellbar, sondern stellen dar. Liturgien und Rituale sind nicht Unterhaltung, so wie es die „Bespaßungsgesellschaft“ heute kennt. Rituale und Symbole haben viel mit erzählendem Erleben zu tun, haben ihre Zeit, brauchen ihre Zeit. Im Gegensatz zum Zählen lässt das Erzählen keine Beschleunigung zu. Manchmal ist daher Langeweile der Auslöser, um tiefere Bedeutungen zu erkennen. Im Zen heißt es: Ist es nach zwei Minuten langweilig, dann mach vier, acht, sechzehn Minuten weiter. Irgendwann stellt sich die tiefe Bedeutung dieses „Jetzt“ ein.

In unserer Pfarre im Bergdorf habe ich zehn Jahre ehrenamtlich die volle Leitungsverantwortung getragen. Es hat mir wirklich Freude bereitet, in allen Dimensionen. Es war echt anstrengend neben der fordernden Arbeit als Kommunikationsleiter der Diözese Linz. Aber wie sagte Erich Fromm schon so locker vom Hocker: „Ist die Anstrengung noch so groß, so wird sie nicht zur Überforderung, wenn es Sinn macht.“ Das habe ich erlebt. Bei allen Sitzungen, Besprechungen, Begegnungen und Feiern war mir wichtig, ganz praktisch handwerklich etwas zu tun. Ich wollte nicht nur Gottesdienste feiern, predigen oder taufen, sondern auch die sogenannten „niederen Dienste“ tun. Niemand war zu finden, der in aller Frühe die Kirche aufsperrt und am Abend wieder zusperrt. Das habe ich über Jahre übernommen. Bei meiner Morgenrunde habe ich meist so gegen 6 Uhr aufgesperrt und nach meinen Abendterminen oft erst um 23 Uhr zugesperrt. Täglich. Wenn ich nicht da war, ist meine Frau für mich gegangen. Dieser Dienst hat immer meinen Tag im öffentlichen Raum eröffnet und am Abend wieder abgeschlossen. Die Öffnungszeiten unserer Pfarrkirche waren weit ausgedehnt und niemand hat je etwas gestohlen oder in Unordnung gebracht. Habt Vertrauen und öffnet die Türen. Dieses regelmäßige Tun wird damit zu einem Ritual, das dem Haus eine Aura gibt. Natürlich habe ich im Kirchenraum mein Gebet verrichtet, morgens wie abends, manchmal länger und ein anderes Mal eher kurz. Den Kopf geneigt vor Müdigkeit. Aber ich war da, habe geöffnet und wieder geschlossen. Sommer wie Winter. Waren wir beide nicht da, habe ich jemanden gesucht, der diesen Dienst für mich getan hat. Als ich das aufgehört habe, bin ich beim Gang zum Bus auch in die Kirche gegangen und beim Heimkommen habe ich es auch noch länger gemacht. Dann habe ich berufsbedingt das Bergdorf Richtung Wien verlassen. Das Ritual des Auf- und Zusperrens hat mir gefehlt. Bis heute. Andere haben das übernommen. Ich wünsche, dass sie auch eine ähnliche „Nährung“ ihres Alltags dadurch erfahren wie ich. Ein kleiner Dienst mit großer Wirkung durch den Tag. Gerade die kleinen Dienste für andere nähren die Seele und das

Bewusstsein, weil sie dich selbst auf das Gemeinsame hin offenhalten und nicht gleichzeitig überfordern.

Ein für mich sehr schönes und tragendes Ritual eines ganzen Gemeinwesens habe ich als Klimapilger in Ottensheim in Oberösterreich erlebt. Jeden Freitagnachmittag ist dort Markttag. Das ist noch nicht so außergewöhnlich. Auch in anderen Städten und Dörfern gibt es das. Und man mag es auch nicht gleich als Ritual erkennen. Hier begegnete mir allerdings eine ganz besondere Form von Markt. Irgendwie habe ich das Gefühl, dass das Marktgeschehen der Produkte so nebenbei mitläuft. In der Luft liegt eine große Offenheit, ein Begegnen auf Augenhöhe, ein Blick auf das Gemeinsame, die größte gemeinsame Vielfalt. Ich würde das Geschehen als „Netz-Liturgie" betrachten. Immer wieder haben mir Menschen erzählt, dass dieser Markt für sie die Woche ausmacht, quasi das Highlight ist. Im kirchlichen Milieu wäre das mit dem Sonntag vergleichbar. Bei genauerem Hinschauen ist das in Ottensheim an der Donau nicht zufällig so. Es hat sich durch verschiedene engagierte Menschen ein besonderer Blick, eine Blickrichtung in allem herauskristallisiert. Es geht um eine nachhaltige gemeinsame Zukunft im Ort und die Wertschätzung des Bisherigen. Man hat uns fremden Klimapilgern auf die Sprünge geholfen, das zu verstehen und zu begreifen. Mit einer Powerpointpräsentation erzählt Bill anhand einer langen Liste von Aktivitäten, die in der Klimabündnisgemeinde stattgefunden haben, von dieser Ausrichtung. Da fallen Worte wie Solarkataster, Mobilitätswoche, Streuobstwiese, Raumplanung, Ortskern belebt und auch das „Sackamt". Das zeigt mir am besten, dass sich in den ganz kleinen Dingen der Wandel, die Veränderung auf die nachhaltige Zukunft hin, bewähren muss. Das Sackamt ist eine Waschmaschine, in der sich jede und jeder am Wochenmarkt sein Stoffsackerl waschen kann, weil schon seit Jahren kein Plastik mehr verwendet wird. Ein Gemeinwesen, das der Zeit voraus ist. Das Ortsleben ist geprägt von vielen Familien mit Kindern, Fahrrädern aller Art und unglaublich vielen Plakaten, die eine Vielfalt von kulturellen Veranstaltungen und Begegnungen anzeigen. Wir treffen die Engagierten von Ottensheim im Gemeindesaal. Eine offene Glaswand hinaus auf die Straße zeigt die Grundhaltung der Transparenz. Wer draußen vorbeigeht, bekommt Einblick. Wer drinnen bei einer Sitzung sitzt, verliert das Draußen nicht aus den Augen. Nicht Abschottung, sondern Öffnung ist aus meiner Wahrnehmung die Grundrichtung. Die damalige Bürgermeisterin Ulrike Böker: „Politik muss offen und transparent sein. Das muss sich auch in den Gebäuden ausdrücken." Wir bekommen Streuobst-Schokolade. Die damalige Bürgermeisterin weist auf den Streuobstsaft hin und wir hören vom E-Carsharing, das demnächst beginnt. Diese Bürgermeisterin und viele Gemeindebürgerinnen und -bürger denken und fühlen tiefer. Sie betonen immer wieder, wie wichtig die vom Boden geschenkten Dinge sind. An ihr spürt man, dass in jeder Minute das Gemeinwesen, die Ottensheim-Community, die Ortsgemeinschaft im Mittelpunkt steht. Da geht es nicht um Macht oder Herrschaft. Sie spricht fast demütig: „Wir sollten uns ständig daran erinnern, dass wir nur Gäste hier auf Erden sind." Auch als Klimapilger waren wir Gast, Gast bei Menschen, die die Zukunft schon leben, mutig, manchmal für viele etwas verrückt, fröhlich, engagiert, ohne großen Eigennutz, in allem einfach. Mir würde um die Welt nicht bange, wenn sich Verantwortliche nur ein wenig an Ottensheim orientieren würden, an dem, was in den letzten Jahren hier gewachsen ist. Das ging nicht von selbst. Sie waren bereit zum Dienst aneinander. Da ist in den letzten zwei Jahrzehnten viel gelungen. Der Wochenmarkt ist der Ausdruck dafür, dass es in diesem Ort um die „größte gemeinsame Vielfalt" geht. Jeder und jede hat Platz. Der Rahmen ist nachhaltig gestaltet. Irgendwie habe ich das Gefühl, dass die Wertigkeit der Produkte, der Gespräche, der Begegnungen, des Genießens von Lebensmitteln unglaublich vergrößert wird, weil es nirgends Plastik gibt. Plastik hat eine „wegwerfende Aura". Behalten, wertschätzen, genießen. Tiefe Zufriedenheit ist entstanden. Auf der Donaufähre hinüber ins Stift Wilhering waren wir uns einig: „Gut, dass wir da waren." Ottensheim rund um das „konnektive Ritual" des Wochenmarktes haben wir in den Rucksack der Alternativen für klimagerechtes Leben eingepackt.

Im Frühjahr 2012 bin ich zu Fuß sechsundzwanzig Tage am Grünen Band entlang vom Bergdorf im Mühlviertel in Oberösterreich nach Thüringen gegangen. Als Ziel habe ich Wittenberg mit mir getragen. Am Kloster Waldsassen war ein großes Schild mit der „Via Porta" angebracht. Dieser damals neue ökumenische Pilgerweg war mir bis dahin unbekannt. Diese Tafel und dieser Weg haben mich vom ursprünglichen Ziel abgebracht. Ab nun war mein Ziel das Kloster Volkenroda, das mir bis dahin überhaupt nichts gesagt hat. Wer nicht vom Weg abkommt, bleibt auf der Strecke. Diesen Satz habe ich lange über meinem Schreibtisch hängen gehabt. In diesem Augenblick hatte er seine volle Gültigkeit entfaltet. Unterwegs sein, fluid bleiben und auch das Ziel ändern können. Nicht aus Sturheit festhalten, sondern dem Lebendigen auf der Spur. Bis heute bin ich froh darüber, weil ich am Ende meines Weges am Ostermontag gegen Ende des feierlichen Gottesdienstes die Kirche betreten habe. Drinnen war Stille nach dem Abendmahl, das Orchester wartete auf das Signal für sein großes Finale. Ich drücke die Türklinke auf, es knarrt ganz laut, alle Köpfe schauen auf mich, der ich mit Rucksack, Haube und Fäustlingen eintrete. Ich trete von der Kälte in die Wärme, die Musik beginnt in diesem Moment zu spielen. Tränen vor Freude beginnen bei mir zu fließen. Ein Moment, den ich als Schatz durch mein ganzes Leben mittrage. Ich bin angekommen und warmherzig werde ich empfangen. Der Ostermontag ist von der Emmausgeschichte geprägt. Ich war überwältigt, hatte doch der Weg bis hierher so viele Überraschungen für mich bereit. Ich war auf der Suche. Als besondere Überraschung hat sich am Weg ergeben, dass ich die Aufgabe als Medienverantwortlicher bei den Ordensgemeinschaften Österreich in Wien angehen werde. Das war nie mein Ziel und doch freute ich mich besonders darauf. Das evangelisch-ökumenische Kloster Volkenroda war sozusagen der herausragende Beginn für mich. Die Musik des Münchner Symphonieorchesters drang in mich ein, umspülte mich, machte in mir alles flüssig. Ich bin ganz in der Fremde bei mir angekommen.

Nach dem Gottesdienst ist Ulrike Köhler auf mich zugegangen. Sie hat mir innerhalb von ein paar Minuten das Kloster erklärt, mich eingeführt. An einigen anderen Stellen werde ich noch auf dieses Kloster und die Menschen darin zu sprechen kommen. Der Ort und die Menschen wurden prägend für mich und ich bin immer wieder einmal vorbeigekommen. Ulrike Köhler war und ist die treibende und inspirierende Kraft für die Belebung und Verlebendigung des fast verfallen Klosters, das bis 1989 als „Siechenheim“ fungiert hat. Das Kloster liegt im „glaubensfreien Raum“ im ehemaligen Ostdeutschland. Wäre die Grenze nicht gefallen, gäbe es das Kloster Volkenroda heute nicht. Es gab keinerlei Interesse am religiösen oder spirituellen Leben. Das hat sich nach der Wende hier sehr verändert, gewendet. Ulrike Köhler haben wir später zum jährlichen Ordenstag nach Wien eingeladen. Sie hat erzählt vom Verfall und dem Wiederaufbau, der heute lebendigen Gemeinschaft mit Strahlkraft in das Land und darüber hinaus. Sie erzählte beim Ordenstag in Wien auch vom Monatsmarkt im großen Areal des Klosters. Da kommen die Leute mit Gemüse, Kleintiere und allerlei Sachen, um sie den über 2000 Besucherinnen und Besuchern anzubieten. Das Klosterareal ist das Tablett für die Sachen der Menschen, die im Grunde nicht kirchlich angehaucht sind. Köhler beobachtet, wie Leute immer öfter an diesem Tag auch die Kirche besuchen, sich hinsetzen, den armlosen Christus-Corpus anschauen. Sie öffnen sich immer mehr für die spirituelle Dimension, die ihnen zum Großteil einfach fremd ist. So entsteht rund um den Monatsmarkt ein Ritual, das Menschen wieder verbindet und für die spirituelle Dimension öffnet. Aus den über 500 Teilnehmern des Ordenstages in Wien hat sich bei der Diskussion nach der Schilderung Sr. Christine Rod erhoben. Sie ist heute Generalsekretärin der Österreichischen Ordenskonferenz. Ich höre ihre Stimme heute noch vorsichtig und leise in mir: „Ihr Beispiel vom Monatsmarkt mit über 2000 Besucherinnen und Besuchern auf dem Gelände des Klosters und den damit stattfindenden Begegnungen und Annäherungen stellt an uns die Frage: Haben wir uns vielleicht zu viel zurückgezogen und vermissen jetzt das pulsierende Leben um unsere Gemeinschaften?" Diese Frage ging mir lange nach, weil ich beobachtet habe, dass es tatsächlich viele Ordensgemeinschaften gibt, die durch das Hinausdrängen des alltäglichen Lebens im spirituellen Ghetto gelandet sind. Ihre Rituale sind ungestört, aber eben isoliert von den Menschen. Klischees tun ein Übriges dazu. Und natürlich leiden Ordensfrauen und Ordensmänner darunter, dass ihr Gebet nicht mehr gesehen, gehört oder wahrgenommen wird. Der Monatsmarkt im Kloster Volkenroda spült Menschen herein in die Nähe der spirituellen Nahrung. Da ist viel äußeres Gewimmel und auch viel zu organisieren. Der Lohn ist ein lebendiger und neugieriger Kontext für das klösterliche Geschehen.

Ein besonderes Erfahrungsfeld hat sich für mich als Guide bei den Weltanschauen-Reisen aufgetan. Es ist ein Reisen entlang der nachhaltig-ökologischen Linie mit dem möglichst kleinsten Fußabdruck, den wir der Erdkugel hinterlassen. Meine Reisen sind zu 80 % im Gehen gestaltet, und die Gruppen umfassen immer um die 25 Frauen und Männer, aus ganz Österreich zusammengewürfelt. Ob es die alten Pilgerwege in Dingle in Irland sind oder der Barbaraweg in der Slowakei, der Friedensweg in Slowenien oder der Franziskusweg über den Apennin nach Assisi, der Marienweg in Rumänien oder die Via Porta am Grünen Band, es wird immer mit öffentlichen Verkehrsmitteln gereist. Wir bleiben am Boden, beim Gehen und Fahren. Das alleine ist für die meisten schon ein besonderes Erlebnis. Bei diesem Unterwegs-Sein spielen Rituale ebenfalls eine große Rolle, um als Gruppe die Herausforderungen wie Höhenmeter oder Entfernungen zu schaffen. So wachsen wir zusammen. Für mich sind Rituale nicht übergestülpte, vorgefertigte Formate. Ich öffne mich ganz auf die Gruppe, die einzelnen Teilnehmerinnen und Teilnehmer. Es gilt, die Rituale darin zu entdecken, zu finden, zum Schwingen zu bringen. Das ist ein Geschehen von innen heraus und nicht einfach von außen hinein. Das überrascht manche und das ist gut so. Solche Rituale ergeben sich am Weg, vor allem am Morgen zum Weggehen und am Abend beim Ankommen. Da ist für mich immer viel Platz zum Atmen, zur Dankbarkeit, zum Schüren von Vertrauen und Gebet, zum Singen.

Auf einer Irland-Reise sind wir auf der Heimreise an einem Sonntagmorgen in Brüssel aus dem Hotel gekommen, um in den Zug zurück nach Österreich zu steigen. Rituale sind Unterbrechung. So auch in diesem Fall. Da gibt es keine Kirche oder Kapelle, sondern einfach den kleinen Hof im Hotel, der gleichzeitig Durchgang ist. Ich bitte die Teilnehmenden, sich im Kreis aufzustellen. Nähe und Distanz bestimmen immer die Teilnehmenden selbst. Einzelne stehen im Blumenbeet, andere direkt am Durchgang, wo Menschen neugierig vorbeikommen. In den Gesichtern ist ihre innere Frage zu lesen: Was tun die da? Wir halten inne. Stehen auf diesem Stück Erde, im Durchgang, auf der Durchreise heimwärts. Es ist Sonntag, der erste Tag der Woche. In meinem Tagebuch habe ich über diesen Moment in Brüssel festgehalten: „Wir danken im Gedenken an die eucharistische Dynamik des Lebens, beten das Vaterunser und gratulieren Karl zum Geburtstag. Der Sonntag ist da.“ Gerade der Sonntag braucht jene Rituale, die uns Menschen die weiten und tiefen Dimensionen des Lebens dankbar schauen lassen. Das mache ich, ganz gleich, wo wir uns befinden. Da ist manchmal mehr und dann wieder weniger Zeit dafür. Kürzer oder länger. Diese Unterbrechungen sind im Grunde ein Aufbäumen in einer Zeit des nivellierten Immer-Gleichen.

Rituale bringen eine tiefe Ordnung ans Tageslicht, die verborgene Ordnung der Schöpfung. Man muss kein Kulturpessimist sein, um festzustellen, dass die Menschheit und damit viele Menschen selbst beispielsweise der Natur und den biotischen Prozessen der Natur gegenüber chaotisch leben, „in Unordnung sind“. Der Rhythmus von Tag und Nacht wird in den Städten hinausgeleuchtet. Lichtverschmutzung kennen viele Menschen nicht. Die Natur kennt nur Kreisläufe, der Mensch hat sich die Unterscheidung von Konsumprodukten und Wegwerfmüll einfallen lassen. Nennen wir die tief liegenden Dynamiken beim Namen. Das neoliberalkapitalistische Wirtschaften mit seinem unendlichen Wachstumswahn ist die Unordnung schlechthin. Sie kann sich nur so massiv und brutal in Szene setzen, weil sie es mit aller Werbemacht versteht, diese Unordnung als die eigentliche Ordnung darzustellen und in den Köpfen der Menschen zu installieren. Die Menschen verstehen nicht mehr, warum Wachstum schlecht sein soll, wenn es Wohlstand bringt.

Wenn im Körper etwas nur wächst, sprechen wir von Krebs. Diese Unordnung törnt die Sehnsüchte der Menschen so an, dass sie die Selbstvernichtung nicht wahrnehmen. Das erinnert mich an den Frosch, der im Wasserglas sitzt, das man Grad um Grad erwärmt. Der Frosch spürt zuerst nichts, bis er zu verbrühen droht. Jetzt will er hüpfen. Er kann keine Kraft mehr entwickeln. Anders, wenn der Frosch ins heiße Wasser geworfen wird. Aus diesem kann er sofort herausspringen. Der Gewöhnungseffekt dieser Ideologie gegenüber macht lahm. Es ist wie bei einem Übergewichtigen, der nicht sieht, dass das viele Essen ihn umbringt. Byung-Chul Han beginnt sein Buch *Kapitalismus und Todestrieb* mit dieser Topologie der Gegenwart: „Was wir heute Wachstum nennen, ist in Wirklichkeit ein karzinomatöses, zielloses Wuchern. Wir erleben gegenwärtig einen Produktions- und Wachstumsrausch, der wie ein Todesrausch anmutet. Er täuscht eine Vitalität vor, die das Nahen einer tödlichen Katastrophe verdeckt. Die Produktion gleicht immer mehr einer Destruktion. Die Selbstentfremdung der Menschheit hat womöglich jenen Grad erreicht, der sie ihre eigene Vernichtung als ästhetischen Genuss erleben lässt." Der Frosch im Glas erlebt sein Verbrühen als ästhetischen Genuss. Als Klimapilger sind wir nach 16 Tagen im Innviertel auf einer großen Wiese einem Labyrinth begegnet, ausgelegt mit großen weißen Steinen. Wir sind lange davorgestanden. Staunend, tief schauend. Wir sind den Weg des Labyrinths der Reihe nach gegangen. Als Abschluss haben wir ein Lied gesungen. Uns war klar: Da kümmert sich wer um diese gelegte Ordnung. Wir kamen bald dahinter. Es war ein Ehepaar im Dorf unten, das immer Flüchtlinge aufgenommen hat. Sie haben das Bedürfnis gespürt, angesichts der Unordnung auf der Welt einen Ort der Ordnung zu schaffen. Sie selbst gehen das Labyrinth immer wieder. „Es hilft uns, in der Ordnung der Schöpfung zu bleiben." Damals 2015 waren „Flüchtlingsströme" in Europa unterwegs nach einem neuen Daheim. Mit Ausländerfeindlichkeit hat man auf die Willkommenskultur später geschaut, sie verdrängt und lächerlich gemacht. Unser Klimapilgern #COP21 hat in Salzburg ganz bewusst im Lager an der österreichisch-deutschen Grenze, im Elend des Lagerlebens, seinen Zielpunkt gehabt. Bei aller Unordnung, die politisch bewusst gestaltet wird, um Angst und Hass zu schüren, braucht es Rituale, Symbole und Orte, die die tiefen Dimensionen der Ordnung aus Liebe, Empathie, Zuwendung und Respekt in Erinnerung rufen. Immer wieder. Das befreit, das löst, das erlöst. Die Kirchen haben hier ihre besondere Aufgabe, ihre Sprache, Symbole und Rituale befreiend zu gestalten. Befreiend, leichter. Frage zehn Personen, ob sich der Glaube leicht oder schwer anfühlt, werden sieben bis acht sagen: schwer. Meine katholische Kirche ist darin eine „männliche Schwermacherin". Mein Eindruck bestätigt sich immer wieder, dass das Leiden in den Mittelpunkt gestellt wird und daraus die abhängige Opferrolle entsteht. Solidarität mit Leidenden hat immer das Ziel, das Leiden aufzuheben, in der Begegnung leichter zu machen. Gerade das Leiden Jesu, in vielen übergroßen grausamen Kreuzesdarstellungen in den Mittelpunkt gestellt, macht aus den Vorbeigehenden „mitleidende Opfer". Die Gesichtszüge werden hängend, das Frohe verschwindet. Dabei hat Jesus nicht gelitten, weil er leiden wollte, sondern weil er Widerstand gelebt hat. Jesus hat protestiert. Sein Leben war voll des Widerstandes zu den etablierten Verhaltensnormen und zu denen, die sie mit Macht unter die Menschen gebracht, sie in den Köpfen installiert haben. Gefinkelt. Subtil. Gelingt es der Kirche nicht, in den Widerstand zu gehen, ihre Liturgien und Rituale als Orte der Ermunterung und Bestärkung darin zu sehen, wird ihre Rolle in Europa noch viel irrelevanter. Papst Franziskus ist ein besonderer Meister darin, Symbole, Handlungen und Liturgien in den Dienst der Befreiung zu stellen. Die heute aktuellen gesellschaftlichen Entwicklungen verlangen eine Liturgie des Widerstandes mit Jesus im Boot. Schade nur, dass ihn viele kirchliche Würdenträger nicht verstehen oder verstehen wollen, geschweige denn den Weg des Widerstandes gehen. Folklore und „Absegnungen" sind der einfachere Weg. Ich erinnere aber an den Frosch. Wenn es zu warm ist, ist die Sprungkraft weg. Andere sagen: Raus aus der Komfortzone. Das gilt übrigens nicht nur für die Kirche.

In diesem Zusammenhang habe ich im Oktober 2011 in New Orleans viel gelernt, Erfahrung gesammelt. Vier Wochen war ich in der Stadt unterwegs, um drei Fragen nachzugehen, im aktivierenden und hörenden Modus, irgendwie als Feldforschung. Als ich nach drei Wochen den Leiter des Austria Center persönlich getroffen habe, habe ich ihm von meinen Erfahrungen und Erkenntnissen erzählt. Seine spontane Reaktion: Wer hat Ihnen das erzählt? Die Menschen auf der Straße. Er hätte es nicht besser machen können, hat er gemeint. Gut, dachte ich. Mein Interesse und drei Wahrnehmungsfelder waren: 1. Wie geht es New Orleans nach dem Desaster der Überschwemmungen durch den Wirbelsturm Katrina? Die kollektive und persönliche Resilienzfähigkeit war mein leitendes Motiv. Wenn fünf Menschen umgeworfen werden, stehen zwei wieder auf und drei bleiben liegen. Warum ist das so? 2. Wie und was wirkt Musik? Meine These: Wer Musik hat, braucht weniger Mercedes, also weniger Statussymbole. Jazz macht zufrieden. 3. Wie gehen die neuen Communities? Die fundamentale Bedrohung Katrina hat neue Formen der Zusammenarbeit, des Zusammenwirkens und ein neues Bewusstsein von Gemeinwesen gebracht. Eine Erfahrung und Erlebnis hat sich bei mir ganz tief eingefurcht.

Mehrmals bin ich in die Pfarre in der Nähe des Hostels gegangen. Es war das größte Kirchengebäude, imposant und schön hergerichtet. Es hat nur kleinen Schaden genommen. Daneben standen Container, die so zusammengebaut waren, dass sie für etwa 200 „homeless people" – kurz: „homeless" – am Tag ein kleines Zuhause waren. Es gab Essen, Duschen, Aufenthaltsräume und zwei TV-Geräte. Drei Ordensfrauen mit Freiwilligen haben sich hier um diese Menschen auf der Straße gekümmert, ihnen einen Ort der Würde geschaffen. In der Pfarrkirche war mittags eine Messe. Der Priester hat sie einfach und ansprechend gestaltet. Eucharistie ist Danksagung. Zusammen mit etwa zehn anderen Personen haben wir dieses Ritual gefeiert. Ich war dankbar, dass ich da bin. Irgendwie genährt. Nach der Messe bin ich hinübergegangen zu den „homeless". Sie warteten auf das einfache Mittagessen. Es war etwas laut, aber nicht störend. Es war, wie wenn die leeren Mägen sich schon ungeduldig meldeten. Eine Ordensfrau in zivil nahm das Mikrofon in die Hand, mit leiser Stimme begann sie in etwa so zu sprechen: „Gut, dass ihr da seid. Alle so halbwegs gesund? Die Duschen sind auch nachmittags offen. Hier sind zwei Sachen, die verloren wurden. Gehört das jemand?“ Sie hält kurz inne, dankt den Freiwilligen, die gekocht haben. Großer Applaus. Sie spricht davon, dass Jesus auf jeden Menschen schaut, gerade auf uns, die wir hier sind. „Ihr seid irgendwie die Würdigsten unter der Sonne Gottes. Freuen wir uns darüber. Denken wir an jene Menschen, die verstrickt sind. Ihre Seelen kennen keine Freundschaften, sondern nur Geschäfte. Denken wir an unsere Vorfahren.“ Es ist still. Ganz still. Sie beginnt das Vaterunser zu singen. Alle singen nach Kräften mit. Behutsam und als gemeinsamer Klangkörper. „Gesegnete Mahlzeit und nehmt euch Zeit.“ Ganz langsam beginnen wieder Gespräche. Ganz anders als vor dem Gebet vor dem Essen. Ich stehe in der Reihe, denke an die Messfeier in der Kirche vorher und spüre: Hier bin ich bei der wirklichen Eucharistiefeier. Das vorher war ein Ritual, die Messe. Hier ist Eucharistie. Mir ist bewusst, dass das theologisch falsch ist. Ich durfte es aber so erleben. Jahre später habe ich im Publik-Forum eine Karikatur gesehen, wie Papst Franziskus mit den Obdachlosen sein Brot teilt. Der Mesner stürmt aus dem Kirchengebäude auf ihn zu und erinnert ihn an die Messfeier in der Kirche. „Heiliger Vater, die heilige Messe soll gleich beginnen.“ Der Papst lächelnd: „Wir sind gerade dabei.“ Ich sehe die Karikatur und bin wieder ganz in New Orleans.

Meinem jetzigen Linzer Bischof Manfred Scheuer habe ich einmal geschrieben, dass ich drei wichtige Symbole und Rituale für christliche Familien vorschlage, die er als

Schwerpunkt bei seinen Pastoralbesuchen ansprechen könnte. Darauf können wir unser inneres Wachstum und unsere Erkennbarkeit bauen. Um nicht falsch verstanden zu werden, sage ich noch dazu: Diese Symbole und Rituale sind nicht der Weg selbst, sondern es sind Wegzeichen, Hinweise. So wie beim Gehen orientiere ich mich an den Schildern und gehe nicht auf den Schildern selbst. So sind diese drei Rituale in den Familien oder familienähnlichen Gemeinschaften zu verstehen. Und weil Rituale Wirklichkeiten sind, werden sie das familiäre Zusammenleben inspirieren, prägen und auch ausrichten.

„Jesus in unserer Mitte“ Diese Tatsache drücken wir durch ein Bild, ein Kreuz, ein Symbol aus und hängen, stellen es in unsere Mitte. Der frühere Herrgottswinkel war das, ist das. Diese Symbole sind nicht alt, sondern heutig und treffen auch die „Geschmacksrichtung“ der heutigen Menschen. Nicht weil es immer so war, sondern weil es für uns wichtig ist, ist das Kriterium. Es ist nicht gut, weil es alt ist. Es ist alt, weil es gut ist und guttut. So hat ein Haus eine spirituelle Mitte, wie sie auch eine Küche hat.

„Gemeinsam essen mit einem Tischgebet“ Ich weiß von vielen Familien, dass sie es nicht mehr schaffen, gemeinsam rund um den Tisch zu sitzen. Die allgegenwärtige Flexibilität und der Konsumismus wollen, dass wir uns individuell füttern, direkt am Kühlschrank, direkt aus dem Supermarkt. Da brauche ich niemanden mehr. Selbst der Fernseher darf mit mir essen. Eine christlich geprägte Familie schaut, so oft es geht, gemeinsam rund um den Tisch zu sitzen und das Essen mit einem Innehalten, dem bewussten Aus- und

Einatmen und einem Gebet aus Dankbarkeit zu beginnen. Das Tischgebet – und sei es noch so kurz – gehört dazu. Uns hilft eine Klangschale, die wir anschlagen und so lange hinhören, bis sie ganz verklungen ist. Das macht alle ruhig. Für die Enkelkinder nicht einfach, aber wir tun es, versuchen es. Und dann das kurze Dankgebet: „Komm Jesus, sei unser Gast und segne, was du uns gegeben hast.“ Das haben wir auch beim Sommercamp mit fast 100 Kindern und Jugendlichen so gehalten. Ganz konsequent. Als Motivation habe ich davor immer diese schöne Geschichte erzählt und verwendet. Ein Bauer betet vor dem Essen im Restaurant. Alle schauen ihn an. Der Kellner zu ihm: „Bei ihnen am Bauernhof beten wohl alle vor dem Essen?“ „Nein“, sagt der Bauer: „Nicht alle. Die Schweine nicht, die Hühner nicht, die Kühe nicht.“

„Das Weihwasser aus dem Weihbrunn am Übergang erinnert an die Taufe“ „Weihbrunn“ ist kein neues, sondern ein ganz altes Wort, das ich aus der Kindheit kenne. Ein kleiner Behälter mit Weihwasser bei der Haus- oder Wohnungstür macht es mir möglich, beim Verlassen des Hauses mich ganz bewusst unter den Segen Gottes zu stellen. Ich erinnere mich an meine Taufe, mein Christ-sein. Das gibt eine verbindende Energie und Orientierung, mich als Christ in der Welt zu sehen und zu bewähren. Wenn Kinder das sehr früh lernen, dann kann ihnen der Weihbrunn ein Übergangs- und Orientierungsbrunnen für das ganze Leben sein. Damit wird die tiefste Sehnsucht des Menschen nach Orientierung, nach Gemeinschaft und dem Gesegnet-Sein angesprochen. Es ist die ungetrübte Zusage: Gott geht unsere Wege mit.

Das sind bewährte Alltagsrituale. Es bleibt die Frage, ob die Kirche diese Sehnsucht nach Ritualen und Symbolen füllt oder die Ritual- und Symbolmaschinen der neoliberal geprägten Wirtschaftswelt Eingang finden. Dort geht es nämlich schlicht und einfach um die Austreibung des Anderen zum eigenen individuellen Wohlergehen als braver Konsument. Religiöse Rituale entziehen den Menschen dem Produktionsmodus. Erinnern, darstellen, erzählen. Selbst bin ich überzeugt: Wer sein Leben entlang von tief gehenden und mächtigen Ritualen gestaltet, wird bald die Kehrseite davon spüren. Jeder Mensch hat den tiefen Wunsch, eine sinnvolle, sinnerfüllte Aufgabe zu tun, einen Beitrag für ein größeres Ganzes zu erbringen und damit offen zu sein für die damit verbundene Anerkennung.

Bei meiner „Klostertour" durch Österreich 2014 habe ich vier Fragen gestellt: Wo ist für dich Mitte? Wo ist Rand? Wo spüren Sie Inspiration? Wo ist Ihre Gemeinschaft in zwanzig Jahren, in Zukunft? Dabei habe ich im Kloster Wernberg in Kärnten Sr. Magdala kennengelernt. Im Klostergarten hoch über der Drau habe ich vorübergehend Platz genommen, die Abendsonne hat mich gewärmt und ein ganz intensiver Rosenduft lag in der Luft. Ich schaute mich um und fand den Eingang zum etwas unter mir liegenden Rosengarten. Wunderbar gepflegt, in voller Blüte. Meine Nase war nicht zu bremsen, immer wieder zu riechen und die Vielfalt der Düfte zu verkosten. Jemand hat mich in meinem Genuss beobachtet. Ich höre die Frage: Kann ich etwas für Sie tun? Ich schaute in das Gesicht einer hellwachen, aber schon älteren Ordensfrau. Es war Schwester Magdala. „Ich genieße diese Pracht“, meinte ich. „Das freut mich“, die Antwort. Wir sitzen in Folge zusammen. Sie schildert mir ihre Tätigkeit und ihr Aufgabenfeld in der Gemeinschaft. „Schauen Sie, ich bin schon über 80 und da kann man nicht mehr überall helfen. Meine Aufgabe, die ich übertragen bekommen habe, ist dieser Rosengarten. Wissen Sie, der ist viel Arbeit und es steckt viel Zeit drinnen. Schön, wenn er Ihnen gefällt.“ Diese Ordensfrau hat im Gesamten, im Ganzen der Gemeinschaft einen konkreten Dienst, der überschaubar ist, zugesprochen, vielleicht zugemutet bekommen. Damit fällt sie im Alter nicht einfach aus den Lebensprozessen heraus. Sie hat ihren Möglichkeiten entsprechend diese sinnvolle Aufgabe, die sie mit Freude erfüllt, eingebettet in die Rituale der religiösen Gemeinschaft. Sie erlebt den Garten als sinnstiftende Aufgabe. Anerkennung und Zugehörigkeit sind damit verbunden. Ihr soziales Netz funktioniert und hält sie würdig am Leben. Sie ist 2019 verstorben. Ich sollte den Rosengarten wieder besuchen. Eine Erinnerung an eine sinnstiftende Aufgabe in einem durch Riten geprägtem Ganzen.

Es gibt diese großen und kleinen Aufgaben. In Pfarren, bei Vereinen oder anderen sozialen Lebewesen. Im Ehrenamt oder bei der Freiwilligenarbeit wird zu wenig darauf geschaut, dass die Aufgaben und Tätigkeiten begrenzt, überschaubar und machbar sind. So manche Pfarre sucht einen Mesner oder Mesnerin und findet keine oder keinen. Im Bergdorf haben wir damals nicht einen Mesner oder eine Mesnerin gesucht, sondern fünf. Für vier oder fünf Sonntage im Monat. Wir haben fünf gefunden, sodass jede und jeder einmal pro Monat am Sonntag zum Dienst eingeteilt war.

Wie es meine Art ist, habe ich auch den 16-jährigen Matthias Mayr gefragt, ob er sich das vorstellen kann. „Einmal im Monat geht, und vielleicht taugt es mir." Er hat jahrelang den Dienst erfüllt. Oder Maria Nimmervoll, die ich gefragt habe, ob sie das Blumenbeet bei der Kirche unter der Adalbert-Stifter-Tafel machen könnte. Sie hat zugesagt und kümmert sich mittlerweile jahrelang sorgfältig um diesen Flecken Erde, gießt die Blumen und reißt das Unkraut aus. Immer ist dieser Platz schön. Heute bin ich mir nicht sicher, ob sie dafür immer die nötige Anerkennung bekommen hat und ob das den anderen überhaupt auffällt, dass hier eine sorgende Hand dahinter ist. Eine solche Aufgabe kann zum Ritual werden, wenn es nicht einfach ein äußeres Tun bleibt. Es braucht diese mentale und spirituelle Verknüpfung solcher Dienste, damit nicht das Gefühl aufkommt, ich bin nur Steineklopfer. Die leitenden Verantwortlichen in solchen sozialen Lebewesen sollten immer wieder den Leuten den Blick auf den Bau der Kathedrale eröffnen können. Leitungsfunktion heißt verknüpfen, anerkennen und öffnen. Eine große Zahl an Pfarren leidet beispielsweise unter männlich-herrschaftlich denkenden narzisstischen Pfarrern, die sich selbst als das Ganze in der Mitte sehen. Jedes Ritual hat mit ihnen zu tun. Ohne sie kann nichts stattfinden. Sie lassen sich als Mittelpunkt bedienen. Auch das musste ich hautnah miterleben. Papst Franziskus würde rufen: Voll daneben. Es ist der Dienst am Ganzen, der motiviert, trägt und in die spirituelle Tiefe und Weite führt. Es ist der Freiraum, der eröffnet wird hin auf Gott. Der Kommunionspender Franz Reisenberger hat nach Jahren aufgehört und gemeint: „Ich hätte nicht gedacht, dass mir das so fehlen wird." Ihm fehlt der Resonanzraum entlang seiner über Jahre sinnvoll erlebten Aufgabe. Solche Tätigkeiten entfalten eine große Kraft hinein in den eigenen Lebensalltag, der damit aufgewertet wird, heraussteigt aus dem sonst immer gleichen Zeitfluss. Gerade bei alternden und auf Rückzug lebenden Menschen ist dieser ritualisierte Alltag eine Hilfe. Wiewohl ich von meiner Großmutter weiß, wie sie auf der einen Seite getragen war und auf der anderen Seite darunter gelitten hatte: „Jetzt geht nur mehr das Abwaschen." Es war ihr letzter Dienst an unserer Großfamilie im Haus, bevor sie uns für immer verlassen hat.

Rituale tragen. „Aus Mangel an Ruhe läuft unsere Zivilisation in eine neue Barbarei aus. Zu keiner Zeit haben die Tätigen, das heißt die Ruhelosen, mehr gegolten. Es gehört deshalb zu den notwendigen Korrekturen, welche man am Charakter der Menschheit vornehmen muss, das beschauliche Element in großem Maße zu verstärken." Das schreibt Friedrich Nietzsche längst vor der Online-Zeit und dem Online-Habitus als Alltagsmodus. „Alles eilt", schreibt Byung-Chul Han: „Alle narrativen Vorgänge, zu denen auch Rituale und Zeremonien gehören, haben ihre eigene Zeit. Im Gegensatz zum Zählen lässt das Erzählen keine Beschleunigung zu." Die Geschwindigkeit eines Prozessors lässt sich beliebig erhöhen. Als Early adopter durfte ich von Beginn an diese Beschleunigung der digitalen Geräte genießen. Wer hat nicht den immer helleren Klang im Ohr, wenn er hört: „286er, 386er, 486er". Das ging von Jahr zu Jahr schneller. Ohne Scheu haben wir auf diese rein additiven Vorgänge gebaut, ohne zu wissen, wo uns das hinführt. Schneller war immer besser. Ältere Menschen bedauern heute, dass die Jungen bei ihren Ritualen, Festen und auch Gottesdiensten nicht mehr mitmachen. Das hat aus meiner Beobachtung mehr mit den neoliberal-gesellschaftlichen Entwicklungen zu tun als mit den Jugendlichen selbst, die sich im Geheimen genauso nach Ritualen sehnen. Heute werden Rituale und Zeremonien abgeschafft, weil sie hinderlich sind für die Beschleunigung der Kreisläufe der Information, der Kommunikation und des Kapitals. Alle Zeitformen werden beseitigt, die nicht der Logik der Effizienz gehorchen. Nicht die Jungen wollen nicht, sondern das prägende zugrundeliegende System. Selbst die „Entschleunigungsaktivitäten“ in diversen Kursen sind der Beschleunigung geschuldet. Han redet von der „Ich-Zeit“, die heute regiert. Alles dreht sich um „meine Zeit“. Dahinter liegt die neoliberale Zeitpolitik. „Im Gegensatz zur Ich-Zeit, die uns isoliert und vereinzelt, stiftet die Zeit des Anderen die Gemeinschaft, die gemeinsame gute Zeit“. Wie beispielsweise im Fest, einer Feier oder einem gemeinsamen Theaterstück. Dort sollte der binäre Code oder die Magie der Zahl keine tragende Rolle spielen. Dass wir heute mit dem Trend zum Messen und Zählen nicht ganz richtig liegen, zeigt eine wahre Geschichte aus Deutschland, die vor Geschäftsführern und Primaren von Wiener Spitälern erzählt wurde. Ein Geschäftsführer hat den pflegenden Mitarbeitern geraten, in der Kommunikation noch einiges zu verbessern, um die Effizienz zu steigern, „Zeit zu sparen“. Eine Mitarbeiterin hat vorgebracht, dass die Leute reden und erzählen wollen und wir ihnen zuhören sollten. Darauf der Krankenhausmanager recht eindringlich: „Dann hören sie halt schneller zu." Damals wurde es ganz still im Raum. Diese Logik hat ihr Ende gesehen.

Gerade im Zusammenhang mit Ritualen ist es wichtig, der Langeweile wieder einen besonderen Stellenwert zu geben. Die Langeweile wird zu Unrecht verachtet. Schade. So gehen auch viele Rituale in den Unterhaltungsmodus über. Das tiefe, unsichtbare Zusammenschwingen verschwindet. Meine fast 90-jährige Mutter hat dieser Tage einmal gemeint, dass ihr das „Nachtwachen" für einen Verstorbenen nicht gefallen hat. Nachtwache ist das gemeinsame Gebet und Gedenken am Abend vor dem Begräbnis. Sie hat nicht genau sagen können, was ihr gefehlt hat. Vorne haben sie Bilder vom Verstorbenen gezeigt, über ihn geredet, solistisch Lieder vorgetragen. „Nicht einmal ein Stück vom Rosenkranz haben wir gemeinsam gebetet. Nichts gemeinsam gesungen." Meine Mutter ist eine weltoffene und zu kirchlichen Vorgängen kritische Frau. Sie ist aber in der kirchlichen Liturgie daheim, getragen, wird daraus genährt. Wir haben dann überlegt, was ihr wirklich gefehlt hat. Sie hat dieses Nachtwachen als Vorführung, als Präsentation mit Moderator erlebt. Es war herstellendes Handeln. Wenn ich in früheren Jahren Nachtwachen gestaltet habe, dann war das gemeinsame Gebet und Singen fester Bestandteil. Was sollten wir angesichts des Todes dieses konkreten Menschen und angesichts des eigenen Todes sonst tun, als mit dem Rosenkranz eintauchen in diesen gemeinsamen, rhythmischen, eintönig tragenden Ritus? Wir reduzieren uns auf das Atmen und die Gebetsformeln. Wenn wir dabei hinhören in den Kirchenraum, dann schwinden die Gedanken und ein Zusammengehörigkeitsgefühl bis hinüber in den Tod wallt auf. Ich habe mehrmalig diesen Zugang erläutert, weil es Menschen gibt, für die solche Gebete ein maschinelles Tun geworden sind. Sie können diese Tiefe entlang des Atems leider nicht spüren. Sie leisten sich im Gebet dann auch anhand der Schnelligkeit und Lautstärke kleine Gebetsgefechte. Es ist aber der gemeinsam tragende Atem, der den Resonanzraum weit macht, bis hinaus, hinüber oder heimwärts. Beim Singen mit vielstrophigen Liedern geht es mir auch so. Sie öffnen einen Weg gleichzeitig hinein und hinüber zum Du. Solche Rituale, gut erklärt, sind genauso für junge Menschen heute zugänglich. Es dauert und es ist Übung, in diesen tragenden Rhythmus hineinzufinden. Die Seele ist heute durch Unterhaltung und Produktions-Modus eine aufgereizte. Sie lässt sich schwer beruhigen hinein in den konnektiven Atem des Gebetes.

Zugehörigkeit schafft sozial gehaltene Identität und verbündende Solidarität

Auch wenn heute der Mensch „ausindividualisiert" wird, so trägt ihn doch eine tiefe Sehnsucht nach Zusammengehörigkeit. Es ist die ursprüngliche Bestimmung des Menschen: gemeinsam, dazugehören. *Die Austreibung des Anderen* nennt Byung-Chul Han sein Buch über die aktuelle Wahrnehmung der Gesellschaft heute. „Sie hatten alles gemeinsam" ist der erste Gedanke, wenn der Beginn der christlichen Gemeinden im Raum steht. „Am liebsten gemeinsam" ist das Motto unserer Jungfamilie mit den Enkelkindern. Schlafforscher bestätigen: „Wir sind Rudelschläfer. Wir sind keine Singleschläfer. Wir sind es gewohnt, in Gruppen zu schlafen.

Über Jahrtausende war das die Überlebensstrategie." Im Schlaf sind wir der Umgebung hilflos ausgeliefert. So sind beispielsweise Stimmen im Hintergrund oder gewohnte Geräusche eine Rückversicherung, dass man nicht alleine ist. Solidarische Gemeinschaften mit einer tiefen und weiten Zusammengehörigkeit können schwierige, leidvolle Situation gut meistern. Sie lernen daraus, sie wachsen daran oder sie protestieren dagegen. Sie spüren dabei den spirituellen Urgrund, der trägt, der hält, der aufrichtet oder der hinübergehen lässt. Die Zukunft liegt in neuen Verbündungen und Konnektiven von Individuen und Gruppen.

In meiner siebenjährigen Arbeit für die und bei den Ordensgemeinschaften in Österreich haben wir die evangelischen Räte, die Gelübde in die neuen Worte „einfach gemeinsam wach" gefasst. Es sind Brückenbegriffe, die zugänglich und verständlich sein wollen. Es braucht jede Zeit ihren Zugang. Da gibt es nicht ein für alle Mal das gültig Gesagte. Weil: Das Christentum hat keine Muttersprache. Seine Sprache ist die Übersetzung. Es hilft nichts, wenn ich im alten Latein vor jungen Menschen über die Gelübde begeistert spreche. Darum die allgegenwärtigen Worte. Natürlich wissen wir, dass jedes Wort ein je eigenes Bild in den Köpfen der Menschen auslöst, je nach Erfahrung oder Vorgeschichte. So wie das Wort „Freundschaft" heute nicht mehr zu gebrauchen ist, weil es Facebook durch die digitale Beliebigkeit zertrümmert hat. Das Wort „Liebe" tut sich heute schwer, bedeutend und wesentlich zu werden, weil es zu oft durch den Dreck gezogen wurde, auch von der Kirche und ihren Würdenträgern selbst. Siehe Kirchengeschichte. Die Worte einfach, gemeinsam und wach schienen uns Türöffner zu sein für eine Lebenshaltung, die den Ordensleuten, allen engagierten Christinnen und Christen und darüber hinaus am Herzen liegen. Im Gespräch mit Ordensfrauen und Ordensmännern hat sich das „gemeinsam“ als besonders herausfordernder Aspekt dargestellt. Ordensleute leben ehelos-keusch, aber nicht alleine. Sie bilden Gemeinschaften. Der Privatbesitz spielt keine Rolle in einer Zeit, wo alle dem Besitz im individuellen Verständnis nachjagen. Das Ordensleben ist demgegenüber vom Community-Gedanken der Bibel und der Jesusnachfolge geprägt. Auch hier wieder: „Sie hatten alles gemeinsam.“ Dieser Satz aus der Apostelgeschichte ist heute für viele unverständlich und kein Lebensentwurf. Doch spüren die Wachen, Hellwachen und dem Mainstream gegenüber Kritischen, dass Sharing, CoHousing, Commons und Gemeinwohl Schlüsselbegriffe der jungen Generation sind. Da können Ordensleute viel Wissen und Erfahrung zur Verfügung stellen. Nicht weil sie perfekt sind, sondern weil sie ehrlich suchen, ringen, scheitern. Es gelingt, das Leben nach klaren Werten, eingebettet in den Rhythmus der Rituale auf Gemeinschaft und Solidarität auszurichten. Ordensleute können allerdings keine „relevante Masse“ bilden, weil sie eine vergleichsweise kleine Gruppe sind. Sie leben allerdings ein Modell, das in Europa unglaublich gesellschaftsrelevant und zukunftssichernd ist oder wäre. Man spricht heute gerne von „role models“. Die Einfachheit der Armut wird in der Ganz-Verfügbarkeit für die Menschen von Gott her gelebt. Das wache Hinhören im hellwachen und kritischen Gehorsam gegenüber der gemeinsamen Aufgabe und dem Auftrag sind beispielhaft. Sie sind ein alternativer

Leuchtturm, ein Andersort in einer Gesellschaft, die von Einsamkeit, Karrieredenken, Konkurrenz, Schnelligkeit und dauernden Rankings geprägt ist. Gerade die private Besitzlosigkeit kann als Stachel von den Orden ausgehen. Der Musiker und Poet Konstantin Wecker hat mir das im Gespräch im Stift St. Florian eindringlich aufgetragen, mitgegeben: „Geht in die Gesellschaft ohne Besitz."

Erfahrung bildet. Erfahrung kann zum tiefen Gefäß werden, aus dem ich immer wieder schöpfen kann. Die Pfarrgemeinschaft in meinem Bergdorf ist seit Geburt ein tiefes Schöpfgefäß geworden. Weit nicht alles hat wunderbar geschmeckt. Es waren wunderbare Momente genauso vertreten wie bittere. Vor meiner Wienzeit bei den Ordensgemeinschaften Österreich 2012–2019 war ich zehn Jahre lang in und für die Pfarre verantwortlich leitend, durfte viel gestalten und damit prägen. Für unser Pfarrzentrum haben wir 90 Schlüssel an verschiedene Verantwortliche von Gruppen, Initiativen und Dienste ausgegeben. Diese „verteilte und zugemutete Schlüsselgewalt" für viele Engagierte in der Pfarrgemeinschaft wurde auf der einen Seite bewundert und auf der anderen Seite als „zu weit" gesehen. „Das kann nicht gut gehen", war der Verdacht. Ich kann nach Jahren sagen: Es ist gut gegangen. Es hat sich bewährt. Die Zumutung einer Verantwortung lässt Verantwortung wachsen. Diese innere Logik dieser Zumutung möchte ich etwas ausführlicher schildern und dem nachgehen, worauf es ankommt, wenn es gut gehen soll. Wir wissen: Ob eine Veranstaltung, eine Organisation oder ein soziales Lebewesen Zulauf hat, entscheiden die Menschen des jeweiligen Umfeldes nach einem ganz einfachen Prinzip: Geht es dort lebendig zu? Spielt sich dort das Leben ab? Sind das lebendige oder steife, ja tote Menschen, die sich aus Gewohnheit treffen? Der Franzose Jean Cocteau sagt über manche Menschen: „Die meisten Menschen leben in den Ruinen ihrer Gewohnheiten.“ Andere raten: „Wenn du ein totes Pferd reitest, dann steig ab.“ Kirche in der Nähe der Amtskirche erscheint heute vielen Menschen als totes Pferd oder eine große Ruinenstadt von Gewohnheiten, Machtinteressen und Marketingmaßnahmen. Wäre da nicht die Sozialkirche in Gestalt von Caritas oder den anderen vielen Hilfseinrichtungen, wäre das Bild ziemlich dunkel. Mir selbst war es immer wichtig, Klarheit zu gewinnen, Lebendigkeit zu schüren, zu ermutigen, sich nicht bremsen zu lassen und die tiefe Begründung als Christ oder Christin nicht aus den Augen zu verlieren, die Lebendigkeitsquelle in Gott selbst. Ermutigung, Weite und eine fröhliche Tiefe waren mein Anliegen. Darüber, dass ich darin über lange Jahre bei Bischof Maximilian Aichern in die Schule gehen durfte, bin ich heute froh. Seine Form der ermutigenden Wertschätzung und Präsenz ist weit über die Grenzen Oberösterreichs hinaus bekannt.

Wann hält Gemeinschaft? Jede und jeder gehört verschiedenen Gemeinschaften an. Was hält sie zusammen, was lässt Gemeinschaften scheitern? Solange es Menschen gibt, solange leben sie in Gemeinschaften zusammen. In der Soziologie verstehen wir Gemeinschaft als soziale Gruppe wie Familie, Kirche, Partei, Gewerkschaft, Verein oder Unternehmen. Das sind soziale Lebewesen in tragender Ergänzung zum individuellen Lebewesen. Die Menschen verbindet ein Wir-Gefühl, manchmal über mehrere Generationen hinweg.

Alleine dauerhaft zu überleben ist nur den wenigsten wirklich geglückt. Das Institut für Soziologie an der Universität Münster setzte sich vor einigen Jahren intensiv mit dem sozialen Phänomen Gemeinschaft auseinander. Was braucht es also für eine funktionierende Gemeinschaft? Es sind dort sieben tragende Faktoren erhoben worden, die als gute Reflexionspositionen genommen werden können. Es tut jeder Gemeinschaft gut, in die Meta-Position zu gehen und sich selbst anzuschauen. Wie steht es um unsere Ziele? Wie lösen wir Konflikte? Welche Leitung und Führung haben wir? Welche Rollen werden gelebt? Können wir spontan unsere Grundwerte benennen? Sind unsere Rituale lebendig tragend? Wie transparent sind unsere Vorgänge und Entscheidungen? Wer sich diesen Fragen ungeschminkt stellt, baut seine eigene Zukunft. Das ist meine Überzeugung.

Voraussetzung für eine gute und funktionierende Gemeinschaft ist ein gemeinsames Ziel, das aus einer gemeinsamen Idee wie beispielsweise Religion, Philosophie, Staatsform oder durch Schicksal, etwa eine Notsituation, entsteht. Diese Ziele liegen außerhalb eines nur persönlichen Wunsches und außerhalb des Eigennutzes. Weil dieses Ziel existiert, entsteht daraus eine gemeinsame Grundlage, eine gemeinsame Orientierung. So entstehen Alpenvereine oder Hilfsorganisationen. Eine Interessens-Identität bildet den Grund, auf dem sich alle bewegen. Durch die Existenz homogener, sich ergänzender Interessen und das Bewusstwerden der Chancen der besseren Erreichung findet man gemeinsame Lösungen. Die Vermittlung einer sozialen und personalen Identität, die in dem Satz „Du bist einer von uns“ kulminiert, ist das, was

Gemeinschaft emotional bedeutet. Vielfältige Formen des gemeinschaftlichen Zusammenlebens sind eine „Lebendigkeitsauszeichnung“. Bei den Ordensgemeinschaften war ein Slogan „Vielfalt stärkt“. Ausgrenzen nach dem Sündenbockmechanismus und das Nicht-dazugehören-lassen hingegen begründen lineare und konforme Gemeinschaftsgebilde, die Gewalt und Exklusion zur Folge haben. Populistische Politik macht sich das zu eigen und ist in diesen Tagen erfolgreich zum Schaden vieler.

Gute Methoden der Konfliktbewältigung brauchen ein menschliches Beziehungsgeflecht. Wir erleben Gemeinschaft nur dann wirklich lebendig und tragend, wenn persönlich gestaltete Beziehungen im Mittelpunkt stehen. Gemeinschaft erfordert viel persönliches Engagement bis hin zur Leidenschaft für das Gemeinsame. Das liefert Konfliktpotenzial. Die Balance zwischen persönlichkeitsunabhängigen „Notwendigkeiten“ und wertschätzendem Respekt vor der Individualität des Einzelnen muss gewahrt werden.

Das Selbstverständliche ist das, was am meisten zum Problem wird. Gemeinschaft braucht Führung und Leitung durch Persönlichkeiten, die den Gemeinschaftsgedanken zuoberst tragen und auch dann noch tragen, wenn vieles schiefgeht. Im Idealfall sollte die Leitung aus Personen bestehen, die natürliche Autoritäten sind, weil sie die entsprechenden menschlichen und sachlichen Fähigkeiten haben und weil sie das Vertrauen der Gruppe besitzen. Wir wissen heute ziemlich genau, woher sich Autorität speist: Zu mindestens 60 % aus der Person, zu 30 % aus dem Fachkönnen und nur zu 10 % von der Zuständigkeit, der Führungsrolle, „dem Amt“.

Papst Benedikt war deshalb schwach, weil seine Papstautorität auf das Amt und den ausgezeichneten Theologen fokussiert wurde. Papst Franziskus ist stark und global gehört, weil er als Person authentisch wirkt, ohne den Experten oder das Papstamt heraushängen zu lassen. Leiten und führen geht deshalb persönlich nahe oder es bleibt Management. Gerade im kirchlichen Vollzug müssen Personen wirken. Das Christentum selbst steht auf der Person Jesus, der als Mensch gewirkt hat. Zuerst Mensch, dann Christ und dann Funktion wie Priester oder Pastoralassistentin. Das war die immer wiederkehrende Aussage des früheren verdienten Linzer Bischofs Maximilian Aichern. Was menschlich nicht da ist, kann beispielsweise keine Weihe wettmachen.

Eine klare Rollenstruktur ist die weitere Basis für eine gut funktionierende und lebendige Gemeinschaft. Innerhalb einer Gesellschaft muss jedes Mitglied wissen, an welchem Platz es steht, was seine Aufgabe ist und welche Verantwortung es trägt. Jede Person hat seine spezielle Funktion im Ganzen. Das gemeinsame Ziel muss durch den individuellen Beitrag und die damit verbundene Anstrengung erreicht werden. Ziele müssen daher motivierend, realistisch und messbar sein. Eine präzise Arbeitsteilung und die klare Zuordnung der Aufgaben liegen in der Verantwortung der Leitung. Voraussetzung dafür ist das Vertrauen der Gruppe in ihre Leitungs- und Führungspersonen.

Damit Vertrauen entstehen kann, braucht sie die Transparenz aller wichtigen Vorgänge und Entscheidungen. Besonders im Fokus der Wahrnehmung stehen die Bereiche Autorität und Macht, Geld und Ökonomie. Klare und transparente Kommunikation sind entscheidend, will man nicht früher oder später im Verdacht stehen, dass Wesentliches im Hintergrund ausgetragenen wird und das individuelle Bemühen sich in undurchschaubaren Konflikten verstrickt. Das Fehlen von Vertrauen durch mangelnde Informationen bzw. ungenügende Transparenz ist oft der Hauptgrund für das Scheitern von Gemeinschaften.

Gemeinschaftliche Grundwerte und deren unverrückbare Verankerung in ihren gesellschaftlichen Strukturen sind ein besonderes Muss. Je mehr Gültigkeit und Bedeutung Grundwerte wie Empathie, Partizipation, Gastfreundschaft, gegenseitige Unterstützung, Transparenz, Vertrauen haben, desto mehr können sie für die gemeinschaftlichen Ziele eingesetzt werden und die Umsetzung der Ziele und des Grundauftrages unterstützen.

Bei guter Entwicklung und gutem inneren Wachstum kreiert jede Gemeinschaft ihre eigenen authentischen Rituale. Wir haben das ausführlich bedacht. Plötzlich entstehen eigene Sitten, eigene Lieder, eigene Gemälde, eigene Feste und eigene Vorbilder, die diese gemeinschaftliche Identität leben. Wenn das der Fall ist, dann will das lebendige Leben feiern, sich einen gemeinsamen Ausdruck geben.

Gerne lade ich Menschen zu folgender Gedankenübung ein: Lassen Sie alles runterfallen, was sie bedrückt. Stellen Sie den Lebensrucksack für eine Zeit ab. Schauen wir später, ob er wirklich so schwer sein muss. Als Christen gehen wir eigentlich mit leichtem Gepäck. Zum Hinstellen der Schwere hilft es, bewusst auszuatmen und dann wieder einzuatmen. Ein und aus. Der tiefe Atem macht lebendig. Stell dir deine

Gruppe, deine Gemeinschaft, deine Pfarre, dein soziales Netz vor Augen. Denke an deinen Beitrag für diese Community und was dir persönlich wichtig ist. Fast immer bedauern Menschen: Es geht um so viele unwesentliche Dinge, um persönliche Reibereien, um Status und Ehre, die sich in den Vordergrund drängen. Mit der Zeit ist es schwer geworden, eine Last. Die tiefe Freude ist mir oder uns abhandengekommen. Bei Pfarrgemeinderatsklausuren hat sich immer wieder eine brisante Folgewirkung herausgestellt: „Wir haben keine Jugendlichen oder Jungen in der Pfarre." Klar, wer möchte schon bei unwesentlichen Dingen, bei persönlichen Reibereien oder unter Wichtigtuern seine Zeit verbringen. Dazu ist mit einer beschwerenden Wirkung zu rechnen. Brandgefährlich ist auch, mit einem freudlosen Gesicht heimzugehen. Immer und überall war das Kreisen um sich selbst der Impulsgeber für diese destruktive Dynamik. Meine provokante Gegenfrage war immer: „Habt ihr schon geschaut, wie viele Getaufte ihr im Pfarrgebiet zwischen 15 und 25 Jahren habt?" Die Reaktion war immer ein überraschter Blick. Denn es waren viele, sehr viele. Immer wieder habe ich die Verantwortlichen schätzen lassen: Wie viele glaubt ihr, sind es? Sie haben die jungen Leute immer unterschätzt. Sie sprachen beispielsweise von 30–40, wo es 100 waren. Dann kommt das exklusive Denken ins Spiel, wenn sie antworten: „Gut, aber es fällt uns schwer, sie als die Unsrigen zu sehen." Meine Gegenfrage: „Und wie, glaubt ihr, geht es den Jungen heute? Sie haben genauso ihre Probleme, das Kirchliche, das kirchlich Angehauchte, als das Ihre zu sehen." „Was können wir tun?" Genau diese Frage führt weiter, geht ins Tun. So findet das Reden im Jammerton sein Ende. Tun. Aus meiner Sicht ganz einfach: „Miteinander reden. Anreden. Sich zusammenstellen. Bewusst grüßen. Interesse zeigen und sich wirklich interessieren. Was beschäftigt euch gerade? Was liegt euch besonders am Herzen? Worunter leidet ihr?" Das bisher „fremde Unsere" bewusst begehen und sich in die Fremde ziehen lassen, die Bereitschaft ankurbeln, sich selbst als fremd zu erleben. Fremdes bereichert. Und genau diesen bisher „jungen Fremden" Platz, Freiraum und Verantwortung zumuten, übergeben. Diese Personen leben aus ihrer Taufe, haben wir schon festgestellt. Das wird persönliche Gespräche zur Folge haben. Was ist mit der Taufe gemeint?

Eine weitere gedankliche Übung fordert uns heraus. Stellt euch vor, ein Nicht-Christ, vielleicht Agnostiker, dem in diesem Zusammenhang alles irgendwie „wurscht" ist, fragt euch: Was ist mit eurer Taufe gemeint? Denkt an die Jugendlichen und die noch zahlreicheren Erwachsenen, die getauft sind und es gar nicht mehr wissen, was das bedeutet. Woran wollen wir sie erinnern? Der Taufschein sagt, dass du dich als Christ ausweisen darfst und kannst. Aber was bedeutet das? Wer einen Führerschein herzeigt, sagt allen anderen: Ich bin berechtigt zum Autofahren. Was sagt der Taufschein?

Jetzt bin ich wieder in meiner Pfarre im Bergdorf im Mühlviertel und bei den 90 Schlüsseln. Die Verantwortlichen der verschiedenen Gruppen, Aufgaben und Arbeitsfelder können damit immer und überall hinein, die Räume nutzen. Dafür haben wir gemeinsam das St.-Anna-Pfarrzentrum um zwei Millionen Euro errichtet. 90 – mittlerweile sind es über

100 – Personen haben einen Schlüssel zu ihrem Haus, zum gemeinsamen Haus. Meine These in diesem Zusammenhang hat sich über die Jahre bewährt: Gib dem Menschen eine Verantwortung. Gib ihm dazu den Zugang zu den Möglichkeiten mit einem Schlüssel. Gib ihm einen Schlüssel für seinen Schlüsselbund. Wir werden erleben: Das Gemeinsame wächst. Es wird nicht zerstört, wie viele immer fürchten. Mit dem Schlüssel in der Hand würde niemand das Eigene kaputt machen oder kaputt machen lassen. Das Besondere ist, dass in dieser Pfarre de facto alles ehrenamtlich läuft, weil so viele Leute sagen: Das ist auch Meines, Unseres. Hier kann ich mithelfen. Es ist uns gelungen, tiefere Dimensionen zum Schwingen zu bringen. Diese geteilte Verantwortung hat einen tiefen Grund und ist nicht einfach eine organisatorische Maßnahme. Wäre es reine Organisation, so wäre schon längst ein Organisationsfehler passiert. Diese Schlüssel werden bewusst übergeben an Personen, die jene Verantwortung übernehmen, die letztendlich in der Taufe gründet.

Eine Theologie mit ganz praktischen Auswirkungen. Jede gute Theorie führt zu einer guten Praxis. Jeder getaufte Mensch hat drei besondere „Würde- und Wirk-Titel" bekommen. Sie sind in der Taufliturgie direkt angesprochen, wo es heißt: „Du gehörst für immer Christus an, der gesalbt ist zum Priester, König und Propheten in Ewigkeit." Wir sind gesalbt. Das heißt: Christen, Gesalbte. Alle Getauften sind das Volk Gottes und daher sind alle in die Würde und Aufgabe genommen. Wer das inklusiv denkt, sieht die vielen Menschen mit ihren Charismen, Fähigkeiten und dem Wollen. Wer hier exklusiv denkt, geht den Weg des männlichen Klerikalismus, der in die Enge, in das Ghetto und schließlich in die Wirklosigkeit führt. Das ist eine fundamentale Weichenstellung für den Spirit einer Pfarrgemeinschaft. Eng oder weit. Es geht um die Ermächtigung aller Christinnen und Christen als Kirche im Dienst an der Welt. Wir sind aufgerufen, unsere Charismen einzubringen und vorbehaltlos und barrierefrei von anderen anzunehmen. Wer einen Gottesdienst nur dann als Gottesdienst sieht, wenn ein „Geweihter" dabei ist, dann ist das exklusiv. Wer den Gottesdienst als gemeinsames Feiern aus dem Glauben an, mit und durch Jesus gestaltet, denkt und handelt inklusive. Viele fragen leider immer noch: Dürfen wir das? Gleich vorweg: Wir können, sollen und müssen es tun. Wir können Menschen, gerade auch junge Menschen, die getauft sind, recht einfach überraschen, sie in Staunen versetzen oder gar schockieren, wenn wir ihnen die Würde- und Wirktitel der Taufe zusagen, auf den Tisch legen, zurufen und zumuten: „Du bist Prophet. Du bist König. Du bist Priester." Die Amazoniensynode 2019 hat diese Vorgehensweise ans Licht gehoben. Mit Bischof Erwin Kräutler habe ich mehrmals persönlich gesprochen. Genau in diese Richtung. Auch von ihm ging Ermutigung von der Taufe her aus und kein Hängenbleiben am männlichen Klerus.

Ein Prophet ist geprägt von einer ganz tiefen und offenen Wachheit, einer Haltung des Hinhörens und Mundaufmachens. Er ist kein Vorhersager, sondern ein Hervorsager. Sei es gelegen oder ungelegen. „#wach – für ein gutes Leben aller" sagten die Ordensgemeinschaften Österreichs im Jahr 2019 in besonderer Weise. Es geht um prophetische Präsenzen in Welt und Kirche. Jeder und jede ist Prophet, eben ein

Hervorsager. Alle sind gerufen, wach, hellwach und kritisch zu sein zu allen Vorgängen, die den Menschen verachten oder unterdrücken, hinausstellen oder stigmatisieren. Die Politik ist leider voll davon. Sogar unter dem christlichen Mantel des großen C.

Ein König ist in seiner Würde ausgezeichnet. Viele denken dabei an Pomp und Pferdegespanne. Hier denken wir an die königliche Würde und Bürde Jesu. Ganz einfach und klar stellt er sich in den Dienst, ist ein König, der die Füße wäscht, der aufrichtet, der heil macht, der ermutigt und die Hierarchie Gottes repräsentiert. Die Kleinen oben und die Großen unten. In *Laudato Si'* ruft Papst Franziskus der Menschheit zu, die Würde nicht nur dem Menschen zu geben, sondern der ganzen Schöpfung als Mitwelt des Menschen. „#einfach – für ein gutes Leben aller" sagen die Ordensgemeinschaften Österreichs im Jahr 2020, wenn sie auf ihr Gelübde der Armut hinweisen und der Welt und der Kirche das als besonderes Lebensmodell anbieten wollen. Einfach leben wird uns überleben lassen. Die Kernfrage heute ist nicht: Wie geht Wachstum, sondern wie geht Reduktion, wie geht das Weniger, wie geht einfach hinein ins Wesentliche? Genau diese Fragen haben königliche Würde.

Ein Priester ist ein Diener am Gemeinsamen. In unseren Breiten hat die klerikale Amtskirche den Menschen diese priesterliche Würde, die in der Taufe gegeben ist, weggenommen, ja ausgetrieben. Ich höre viele innerlich sagen: „Nein, das ist der Herr Pfarrer, der Kaplan oder zumindest die hauptamtliche Pfarrassistentin." Das wird heute weitergeschrieben. Bei jedem Begräbnis oder im politischen Umfeld bedankt man sich bei der „Hohen Geistlichkeit". Da schwingt genau dieser klerikale erhobene Status mit, eine amtliche Bedeutung und eine Herausgehobenheit, die wir von Kindesbeinen an inhaliert und verinnerlicht haben. Nein, Du bist Priester oder Priesterin, als Mann oder Frau. Wir alle stehen mit unserem Tun in der gemeinsamen Verantwortung. Persönlich durfte ich immer wieder geweihte Priester erleben, die sich nicht nur in Worten, sondern auch durch ihr Leben in den Dienst gestellt haben. Den männlichen Status-Klerikalismus mag beispielweise auch Papst Franziskus überhaupt nicht und geißelt ihn als zutiefst unchristlich. „#gemeinsam – für ein gutes Leben aller“ sagen die Ordensgemeinschaften in Österreich im #gemeinsam-Jahr 2021. Frauen und Männer sind Priester und Priesterinnen aus und durch die Taufe. Auch in der katholischen Kirche.

Um die Wertigkeit der Taufe noch etwas zu verdeutlichen, erzähle ich vom damaligen Pastoraltheologen Wilhelm Zauner in Linz, der zu uns jungen Studentinnen und Studenten recht provokant gemeint hat: „Wenn eine Priesterweihe stattfindet, feiern wir drei Tage lang. Wenn eine Taufe ist, sind das 20 Minuten und ein Essen. Es müsste theologisch genau umgekehrt sein: Wenn jemand getauft wird, sollten wir 3 Tage feiern und bei einer Priesterweihe genügen 30 Minuten.“ Was wollte er uns sagen? Die Taufe ist unendlich wichtig, das größte Geschenk an den konkreten Menschen, der mit seinem Namen ausgezeichnet ist. Wir brauchen einen neuen Blick, eine neue Haltung und ein neues Tun. David Steindl-Rast hat gemeint: „Ganz Gewöhnliches wird ungewöhnlich, wenn wir nur die Gewöhnung daran ablegen.“ Wir haben uns an die Einengungen und Zuschreibungen gewöhnt, die eine Kleruskirche in den letzten Jahrhunderten in die Gedankenwelt der Menschen eingepflanzt hat. Mein Vorschlag: Gehen wir ein Stück weiter.

Ernüchternd erlebe ich, dass die Amtskirche in weiten Teilen Europas und der Welt die aktuelle und heutige Wandergruppe des Lebens aus den Augen verloren hat. Deshalb hält sie nur mehr fest, um zu retten, was sie glaubt, retten zu müssen. Mein Eindruck ist, dass viele Bischöfe und ein Großteil des Klerus an den Wanderschuhen herumnesteln, an der Kleidung oder am Rucksack zupfen. Alles steht. Die Menschen gehen aber ohne sie weiter, suchen sich neue Guides, die mittlerweile auch die spirituelle Dimension des Lebens erkannt haben und darin wirklich gut sind. Der Abstand zu den heute gängigen, gehenden Menschen wird immer größer. Die Jungen bleiben weg. Im Gottesdienst sitzen die Alten, der ebenfalls alt gewordene Klerus hüpft von Messe zu Messe. Dabei wissen wir über die lebendig machenden Dynamiken: Dort wo Lebendigkeit spürbar ist, zieht neues Leben ein. Werbegurus und Community-Builder beherrschen das heute viel besser. Social Media ist in weiten Teilen der Kirche noch eine fremde Realität bis auf ein paar außergewöhnliche Ausnahmen. Auch hier hat das Coronavirus Nachhilfeunterricht gegeben. Es wird nicht anders gehen, als von der Welt zu lernen, von denen, die lebendig und kraftvoll sind. Ich meine damit nicht die lauten Polterer, die Werbefuzzis, die Spindoktoren. Ich meine jene Menschen, die die tiefen Dynamiken der Seele und ihre Bedürfnisse heute besser, professioneller ansprechen können. Mein Freund Georg Plank betreibt das Unternehmen Pastoralinnovation. Es ist für viele ungewöhnlich, diese Zielsetzung als Unternehmen zu denken, geschweige denn dazu ein Unternehmen zu gründen. Sein Anliegen ist, mit Innovationsdenken die Kirche wieder frischer zu machen. Rebuild oder Refresh sind Worte dafür. Es geht auch um ganz praktische Dinge: „Agape first" heißt zuerst trinken, essen und sich ungezwungen begegnen. Mit „Begrüßungsrituale" meint er bewusst die Hand geben, gute Willkommensmusik auflegen, eine Willkommensatmosphäre schaffen und Raum für das Erzählen öffnen. Am Schluss einer Feier oder eines Meetings darf „Thanks for ministries", vor allem für die ganz kleinen Dienste, nicht fehlen. Das alles erleichtert ein ganz tiefes und befreiendes Hinhören, eine Identität aus den Jesus-Geschichten, Gemeinschaften aus Jesus selbst, die ein neues Wir gestalten. Die Dynamik vom Ich zum Du zum Wir braucht weder Sündenbockmechanismen oder Feindbilder noch das dauernde Vergleichen, braucht keine Rankings oder ein Rivalisieren für den äußeren und inneren Zusammenhalt. Die digitalen Möglichkeiten sind die Welt heute, die Emmaus- und die Pfingstgeschichte die tragenden Erzählungen. Miteinander reden am Lebensweg nach Emmaus und das neue pfingstliche Miteinander als Prototypen in die Welt einpflanzen. Da sind wir alle gefragt und gebraucht.

Die Erfahrung aus den verschiedenen Weltanschauen-Gruppen auf den schon angesprochenen Pilgerwegen zeigt mir, dass es immer die Balance von Nähe und Distanz braucht. In diesem Zusammenhang verwende ich immer das Bild vom inneren, mentalen Gummiband, das uns zusammenhält. Das stundenlange Gehen in der Gruppe hat als besondere Herausforderung, bei den unterschiedlichen körperlichen und mentalen Voraussetzungen wie Kondition, Gehgeschwindigkeit oder Durchhaltevermögen der Teilnehmenden einen Zusammenhalt so zu gestalten, dass Individualität und Gemeinsamkeit zusammengehen. Das Gummiband ist die mentale Vorstellung, dass wir schneller und langsamer, Beobachten und Gehen, ja selbst das menschliche Grundbedürfnis nach der Toilette in der Natur aufeinander abgleichen, ohne stehen zu bleiben. „Dieses Gummiband darf sich ruhig dehnen, niemals aber reißen." Das lässt unterschiedliche Bedürfnisse beim Gehen zu und bringt uns alle ans Ziel. Ich selbst als Guide mache ein Tempo, das von möglichst vielen als angenehm erlebt wird. Meine Regel: Bergauf immer eine Schweißperle auf der Stirn. Da können dann alle mit. Selbst die Schwächeren erstarken und die Schnellen schwingen sich ein. Wenn alle entlang des mentalen Gummiringerls zusammendenken, dann geht es gut. Meist dauert es drei Tage, bis das Gemeinsame im Denken der Einzelnen sich so gut eingenistet hat, dass Fröhlichkeit aus der guten Anstrengung herausquillt.

Zehn Jahre lang durfte ich im örtlichen Sportverein die Sektion Badminton aufbauen und leiten. Badminton war bis dahin ein Fremdwort im Bergdorf. Die Sektion ist entlang dieser wunderbaren Sportart, die ich nach einer Schulterverletzung leider nicht mehr ausüben kann, gewachsen und gewachsen, bis wir am Höchststand 130 Mitglieder hatten. „Darf ich auch ins Training kommen?", war eine Frage, die ich oft mit Ja beantwortet habe. Der Turnsaal war viel zu klein, die Provisorien beim Spielen alltäglich, der Meisterschaftswille unbändig. Ein Vize-Staatsmeister und mehrere Landesmeisterinnen durften wir feiern. Die A-Mannschaft hat sich in der Landesliga wunderbar geschlagen. Mit unseren T-Shirts waren wir erkenntlich und die Sommercamps am Attersee mit bis zu 100 Kindern und Jugendlichen ein Hit. Dort lernten die Jungen den Zusammenhalt ohne Ausgrenzung. Mädchen und Burschen waren komplett ebenbürtig. Das ist das Schöne an dieser Sportart. Den stärksten Magnetismus hat aus meiner Sicht ausgelöst, dass jede und jeder so genommen wurde, wie er oder sie war. Das Sportliche und das Gemeinschaftliche sind Hand in Hand gegangen. Und diese Sport-Sektion hat dazu jenen Jugendlichen eine Zugehörigkeit gegeben, die sonst im Ort nicht angesehen waren. „Hätte ich euch nicht getroffen, ich weiß nicht, wo ich heute wäre", meinte ein Jugendlicher, der sich an dieser Sportart und an der Gemeinschaft aufgerichtet hat. Selbst sagte ich oft zu meiner Frau Gerlinde, die in allen diesen Belangen tragend mitgewirkt hat: „Solidarität liegt in der Luft." Ein besonderer Schlüssel für das Gelingen des vorbehaltlosen Zusammenhalts ist das zugemutete und bedingungslose Vertrauen und die Absage an alles, was ausgrenzt, abgrenzt und rivalisiert ohne Spiel. Ich habe immer wieder die spirituelle Dimension des Lebens selbst im Sport angedeutet. Am Sommercamp war das Tischgebet konstitutiv. Besondere Momente haben wir mit einem Gottesdienst gefeiert. Das hat uns offen gehalten füreinander. Gedanklich waren mir ganz wenige wichtige „Pflöcke" wichtig.

Natürlich können wir in diesem Zusammenhang die aktuellen Rahmenbedingungen für Community, Vergemeinschaftungen heute nicht naiv außer Acht lassen. Der neoliberal-kapitalistische und digital-vermessene Zugang zur gesellschaftlichen Gestaltung in Wirtschaft und in Politik macht es fast unmöglich, marktfreie Resonanzräume des Lebens aufzumachen. Alles eilt. Der österreichische Musiker Wolfgang Ambros hat schon vor Jahrzehnten gesungen: „Nicht alles, was einen Wert hat, muss auch einen Preis haben." Es müsste auf Wienerisch dastehen. Seine Sichtweise hat sich vordergründig nicht durchgesetzt. Heute: Was keinen Preis hat, kann keinen Wert haben. Alles wird bepreist und dem offenen oder codierten Bepreisungsverfahren unterworfen. Klangräume brauchen Freiräume. Meine besondere Frage, die Erstaunen oder zum Teil Missverständnis hervorruft, lautet: „Wie kann eine Flucht aus der Excelzelle gelingen?" Immer wieder wird geschildert, wie viel Zeit und Energie darauf verwendet wird, das Leben in eine Liste zu bringen. Ob es nun Kinderpädagoginnen, LehrerInnen, Familienhelferinnen, mobile Pflegerinnen, Berater, Pfarrgemeinderäte, Bürgermeister oder angehende Pensionisten sind. Alle stehen oder standen vor der Herausforderung, dass sie das, was sie tun, in ein Liste eintragen müssen. Aber alle wissen: Das Leben spielt sich außerhalb dieser Listen ab. Listen helfen ordnen und steuern, aber sie werden zum Zwang. Ich selbst zweifle immer häufiger, ob diese Zahlengläubigkeit in Form von Excellisten, Excelformeln, andere Datenbanken und Algorithmen uns ganzheitlich betrachtet weiterbringen. Ein nebensächliches Grundmuster wurde zur „Hauptsache". Der Mensch heute braucht nicht so viele Excellisten und Algorithmen, sondern mehr Gespräch, Musik, Muße, Bewegung und Kreativität. Zahlen haben keinen Klang und sind rein additiv. Das volle und kreative Leben kommt aus den Zwischenräumen, den Übergängen und entsteht in sogenannten „Fremdländern“.

VERSTEHEN: Wie wir uns entlang von what, how, why lebendig verstehen und erklären

In jeder Organisation schälen wir uns im „Raum des Verstehens" durch drei Schichten durch, von außen nach innen. Vom recht leicht erkennbaren Was (Was ist das? Was macht ihr da?) schälen wir weiter in die nächste Schicht des Wie (Wie geht ihr vor? Wie macht ihr das?) bis wir als Kern das Warum, Wozu (Warum und wozu gibt es euch?) sehen. Ganz selten liegt der Kern offen da. Dieser Raum des Verstehens kommt uns als „Vermittlungsraum" entgegen, als „Erklärraum". Wer seiner Organisation in heutiger Sprache das Why zugänglich erklären kann, hat Zukunft, hat die Menschen. Wenn meine Frau als Natur- und Kulturvermittlerin von ihren Erfahrungen erzählt, dann sind es vor allem zwei Grundwahrnehmungen. Auf der einen Seite erlebt sie bei vielen Menschen große Neugierde. Auf der anderen Seite kommt ihr blankes

Nichtwissen entgegen. Sie kann wunderbar beides in einer lebendigen Vermittlung zusammenführen. Staunen und neue Begeisterung für die Natur und Kultur wachsen. „Das war heute sehr spannend. Vieles war ganz neu für mich. So habe ich das noch nie gesehen oder erlebt. Das werde ich jetzt öfter machen." Genau diese Rückmeldungen haben meiner Frau gezeigt, dass es wichtig ist, Menschen neue Zugänge zu ermöglichen, damit sie das Was, das Wie und das Warum oder Wozu neu begreifen können. Ein gutes Erklären hin zum Verstehen ist für eine Gruppe, Organisation, Firma oder ein soziales Lebewesen wie beispielsweise eine Ordensgemeinschaft, eine Pfarre oder einen Verein absolut lebensnotwendig.

Gerade bei meinem Weitgehen oder Pilgern stoße ich immer wieder auf etwas Neues. Das Weitgehen ist im Grunde immer ein tiefes Hineingehen in die Fremde, in Fremdland. Manche Menschen ängstigt das, wenn sie das Gewohnte verlassen, Bekanntes nicht mehr auf ihrem Wahrnehmungsschirm auftaucht. Mich beflügelt es, weil die Neugierde Nahrung bekommt und weil nur Erfahrung wirklich bildet. Ich genieße es, in den Modus „Local Detective" zu wechseln. Das hat für mich nichts Kriminalistisches, sondern zeigt mein tiefes Interesse bis hinein in die feinen Zusammenhänge, die allem zugrunde liegen. Ein besonderer Genuss ist es, wenn ich zufällig auf Menschen treffe, die mit Herzblut und Wissen mich in die Zusammenhänge einführen, in diese Zwiebel des Was, Wie und Warum, Wozu. Das Wie ist weniger eine Sache der Sprache, sondern des Erspürens, des Riechens und Schmeckens.

Mein diesbezügliches Interesse hat schon in der Zeit des Studiums im Rahmen meines zusätzlichen dreimonatigen Kurses für Sozialethik, Wirtschaft und Politik eine Methode gefunden. Als 22-köpfige Gruppe sind wir 1978 zur „Dorfuntersuchung" nach Mühlbach am Hochkönig aufgebrochen. Davor haben wir uns mit Alexander Van der Bellen, jetzt österreichischer Bundespräsident, eine Woche lang wirtschaftliche Expertise erarbeitet. In den drei Monaten wurden wir von verschiedenen Expertinnen und Experten begleitet. Nie hörten wir einen Vortrag oder eine Vorlesung. Alles in der Methode der Selbsterarbeitung unter Beiziehung der Expertise und mit Aufsuchen jener Orte und Organisationen, die uns das Thema erleben haben lassen. So war schließlich das Dorf an der Reihe. Der ruhige Universitätsprofessor Raimund Hörburger hat uns damals in die „aktivierende Befragung" eingeführt. Basis dafür war das Kommunikationsmodell von Friedemann Schulz von Thun, der vier Ebenen in der Kommunikation sieht. Wir hören mit „vier Ohren": am Informations-Ohr, am Appell-Ohr, am Beziehungs-Ohr und – für mich damals wie heute das ergiebigste – das Selbstoffenbarungs-Ohr. Wenn ich es erkläre, nehme ich immer das Beispiel von der Lehrerin, die nach der Pause in die Schulklasse kommt und als Erstes sagt: „Hier stinkt es." Jene Schülerinnen, die am Informations-Ohr hören, strecken die Nase höher, atmen ein paar Mal kurz durch, schauen sich an und meinen: Stimmt, schlechte Luft hier herinnen. Jene, die am Appell-Ohr hören, springen sofort auf und öffnen die Fenster. Jene Schüler, die am Beziehungs-Ohr die Lehrerin gehört haben, tuscheln untereinander: Sie mag uns nicht. Dann sind da einzelne wenige, die nach dem Setzen aufzeigen. Auf diesem Ohr hören können sehr wenige. Etwas mitleidsvoll oder mitsorgend fragen sie die Lehrerin: „Frau Lehrerin, hatten sie heute früh Streit mit ihrem Mann, weil Ihnen die Welt so stinkt?“ Eine unglaubliche Koryphäe von Lehrerin hätten wir vor uns, wenn sie antwortet: „Guten Morgen. Danke für das Fensteröffnen. Schön, dass ihr da seid. Mein Mann ist gerade im Ausland und es ist daher daheim etwas fad, alleine zu frühstücken. Fein, dass ihr so aufmerksam seid. Jetzt brauchen wir das Mathematikbuch.“ Ich sehe die Schüler ganz bei der Sache, die Lehrerin gelöst, weil die Dinge angesprochen sind. Jetzt kann die Sache Mathematik ganz im Mittelpunkt stehen. Die Luft ist rein.

Was sich hier im Gespräch zeigt, das habe ich bei mehreren Dorfuntersuchungen, die ich später selbst geleitet habe, auf einer strukturellen Ebene erlebt. Ein Dorf, einmal auch ein Stadtteil, ist ein soziales Lebewesen. Es entfaltet in seinem ganzen Lebensgeflecht eine Selbstäußerung oder offenbart sich selbst wie im Gespräch oben. Mindestens einen Tag lang sind wir nur schauend, hörend, riechend und schmeckend unterwegs. Der Friedhof ist ein guter Ort für ein erstes Hinschauen. Namen begegnen uns. Häuser und Verkehrswege schauen wir an, lassen sie auf uns wirken. Zwei aus der Gruppe gehen fünf Kilometer hinaus aus dem Dorf, um dort zu schauen, ihre Eindrücke zu sammeln. Wir wurden den Bewohnerinnen und Bewohnern immer angekündigt als „Dorfuntersucher“. Viele hatten kein Bild davon, was das sein könnte. Bei den ersten Begegnungen wurde dann immer verwundert nachgefragt: Wo ist euer

Fragebogen? Den gibt es bei der aktivierenden Befragung nicht. Die Themen finden sich entlang unserer Wahrnehmungen und in den ersten Gesprächen. Wen sollen wir fragen, um über den Ort viel zu erfahren? Diese Frage führt uns zu den offiziellen und inoffiziellen Meinungsführern. Wo finden wir jene Menschen, die im Ort nicht gehört werden? Diese Frage führt uns zu den Menschen, die am Rande stehen oder überrollt wurden und werden. Wo drückt der Schuh? Die Menschen erzählen uns, wo sie Veränderung wünschen. Erst Mitte der Woche holen wir vom Gemeindeamt statistische Zahlen, um Größen irgendwie abzustecken. Wie viele Einwohner, Arbeitsplätze im Ort, Pendler, Schüler, Pensionisten, Vereine? Die Ergebnisse der aktivierenden Dorfuntersuchung werden nach sieben Tagen von der Gruppe vor der Bevölkerung in öffentlichen Räumen frei zugänglich präsentiert. Es darf kein Vortrag sein, sondern muss selbst wieder aktivierend gestaltet werden mit Plakaten, mit Rollenspielen oder beispielsweise selbstgeschriebenen Liedern. Kreativität unbegrenzt. Gelernt habe ich dabei immer, dass die Etablierten oder Mächtigen irgendwie sauer waren, weil kritisches Licht auf die inoffiziellen Zusammenhänge geworfen wurde. Ihre Rollen und Ämter wurden kritisch angeschaut. Jedes Mal haben Bürgerinnen und Bürger nachher ein oder mehrere Projekte gestartet, um das Dorfleben gemeinsam neu zu beleben, zu aktivieren. Die aktivierende Befragung war aktivierend. Aus heutiger Sicht war es ein Hineinschauen in die drei Schichten im jeweiligen Ort: Was tun die Menschen? Wie tun sie es? Warum und wozu?

Bei meiner Arbeit rund um die Identität der Ordensspitäler hat dieses „Zwiebelmodell“ einen guten Dienst getan. Wir haben uns genauer angesehen, was Ordensspitäler im tiefsten Kern ihrer Identität ausmacht. Im Gesundheitswesen ist ganz viel Geld im Spiel. Menschen sind an der Kante, im Ausnahmezustand, oft schwer verängstigt, Trost suchend und Gesundheit erheischend, ja bisweilen fordernd. Selten liegen Hoffnung und Angst so eng beisammen wie im Krankenhaus. Man hofft, dass alles gut wird. Die 23 öffentlich-gemeinnützigen Ordensspitäler in Österreich sind bekannt für ihre medizinischen Spitzenleistungen. Doch spüren sehr viele im Gesundheitswesen Tätige gemeinsam mit den Patientinnen und Patienten, dass zum Gesundsein und Gesundwerden mehr gehört als perfekte Diagnose und kompetente Therapie. Gute Beziehung ist eine ständige Quelle der Kraft, der Heilung. Es soll sich darin spiegeln, wie Gott mit uns umgeht. Das ist vielen bewusst. Und doch erleben viele eine Einengung und Überlastung in diesem von Technik und Technologie geprägten Gesundheitssystem, das zu den besten der Welt gehört. Doch genau dieses System lässt immer weniger Zeit für den Menschen selbst. Uns war wichtig, dass Ordensspitäler hier zu einer Blickrichtung ermutigen, die auf den ganzen Menschen zielt, ganzheitlich. Nicht nur die Patienten brauchen Heilung, auch das gesamte Gesundheitssystem selbst braucht Sanierung im tiefen Sinn des Wortes. Denn es kann nicht nur um finanzielle Ausgewogenheit gehen, schon gar nicht um ein System, in dem ein Krankenhaus zu einem gewinnbringenden Betrieb gemacht werden soll. Gesundheit darf kein Wert werden, der bepreist wird und den man sich dann leisten können muss. Gesundheit darf nicht der Marktlogik unterworfen werden. Bei der Gesundheit geht es nie um Gewinne.

Sehr bald waren wir nach Gesprächen und Fokusgruppen dort, was den Identitätskern ausmacht: Spiritualität ist das Fundament der Ordensspitäler. Das ist leicht hingesagt. Was bedeutet Spiritualität im Rahmen des Ordensspitals? Der damalige Generalsekretär P. Franz Helm hat das in einem wunderbaren Bild zum Ausdruck gebracht: „Spiritualität ist nichts, was man wie Wasser über die Patienten, die Angehörigen oder die Mitarbeitenden schüttet. Es bedeutet vielmehr, den Durst nach Wasser zu wecken.“ Wir haben deshalb den spirituellen Ratgeber *Quellen der Kraft* entwickelt. Die Broschüre wurde zehntausende Male den Patientinnen und Patienten wie Mitarbeiterinnen und Mitarbeitern in die Hand gegeben. Die Erfahrung zeigte uns: Im Krankenhaus ist die Seele besonders gefordert. Franz Helm schildert seine persönliche Erfahrung bei der Präsentation: „Ich konnte diese Erfahrung selbst machen, als eine schwere Krankheit vor zehn Jahren eine Lebertransplantation zur Folge hatte. Die meist unfreiwillige Auszeit bietet auch eine Chance, sich Fragen zu öffnen, die sonst kaum Raum finden im Rauschen des Alltags.“ In der Broschüre wurde die Figur des Herrn P., der mit einer gesunden Portion Skepsis an das Entdeckungsfeld Spiritualität herangeht, eingeführt. Er ist eine Identifikationsfigur, die im Zusammenspiel mit Frau P. Schritt für Schritt die neuen Entwicklungsfelder ertastet. „Ich mit mir“ ist der Ausgangspunkt der spirituellen Entdeckungsreise, die sich mit „Ich in der Welt“ fortsetzt und mit „Ich und Gott“

eine Abrundung findet. Diese Broschüre war und ist ein Hit. Im ganzen deutschen Sprachraum wurde sie angefordert und als sympathischer Türöffner hinein in die spirituelle Dimension des Menschen bezeichnet.

Der Ratgeber gibt entgegen seinem Namen keine Ratschläge. Er stellt zunächst Fragen und das ziemlich unkonventionell. „Was sollte ich mir endlich erlauben?", „Was beschäftigt mich jetzt gerade am meisten?" oder „Bei welchen Gelegenheiten weine ich?" sind Ansätze, wie „Ich mit mir" in Kontakt kommen kann. Praktische Übungen wie bewusstes Durchatmen ergänzen die Anregungen. „Ich in der Welt" stößt Fragen an wie „Für welche Erinnerungen bin ich am meisten dankbar?" oder „Wie hat die Sorge um andere mein Leben beeinflusst?" Dankbarkeit ist ein Schlüsselwort in diesem Kapitel, dazu gibt es die Übung eines dankbaren Tagesrückblicks oder eines dankbaren Briefs an einen lieben Menschen. „Was gibt mir Halt und trägt mich?", „Woraus und wie schöpfe ich Kraft?" sind Fragen, die im Zusammenhang mit „Ich und Gott" auftauchen. Herr P. lernt darin das Vertrauen und Frau P. übt das Beten. Es war uns wichtig, damit die Basis für Spiritualität noch nicht konfessionell geprägt zu legen. Atmen, die Frage nach Mehr und Weniger, Liebe und Dankbarkeit sowie Vertrauen und Gebet verbinden alle Menschen auf der Weltkugel. Den Blick auf das Christentum haben wir mit dieser Frage angeregt: Was könnte es für mein Leben bedeuten, wie Jesus gelebt hat? Und wer war dieser Jesus?

Bei dieser Arbeit wurde immer drängender, die Sprache, die Symbole und die Rituale in der kirchlichen Tradition genauer anzuschauen unter der Prämisse, dass Beziehungen, wache Beziehungen heilen. Was drücken wir sprachlich wie und mit welcher inneren Kraft warum und wozu aus? Ganz direkt sagen Menschen in den Fokusgruppen: Die Kirchensprache ist nicht im Heute angekommen. Sie ist fremd, für viele nichtssagend, Blabla. Nicht nur die Worte, sondern auch die Tonalität der Sprache. Sie ist schwer, moralisierend, auf die Institution bezogen, eine Insidersprache wie damals das Latein. Der Kontext der Sprache öffnet keine Freiräume, sondern macht eng. Es fehlt die innere Begeisterung. Das waren und sind harte Ansagen. Es geht jetzt aber nicht darum, gleich die schon aufzählbaren Verbesserungen zu benennen. Das Fremdbild sollte eine Anregung, eine tiefe Motivation auslösen für eine radikale Verbesserung. Ähnlich verhält es sich bei Symbolen und Ritualen, an denen zum Teil starr festgehalten wird. Gerade dort wird es notwendig sein, zusammen mit den Menschen neue Symbole und Rituale zu finden oder den Zugang zu den alten und bewährten neu zu vermitteln. Meine oft ausgesprochene These lautet: Wer das tiefe Warum und Wozu nicht in heutiger Sprache (und damit auch in Symbolen und Ritualen) anschlussfähig ausdrücken und benennen kann, wird keine Zukunft haben. Damit meine ich aber nicht die am Gang oder in Vorstandbüros aufgehängten Leitbilder oder Visionen. Es geht um die bodennahe Körpersprache und mit einem Schuss Humor versehene Gesprächsfähigkeit. „Das Warum und Wozu ist eh klar“, haben viele ältere Ordensleute mit dem Unterton der Ratlosigkeit ausgesprochen. Meine Ansage dazu immer: „Eh klar ist gar nichts.“ Siehe die Erfahrung meiner Frau Gerlinde im Landesmuseum und Biologiezentrum oben. Blankes Nichtwissen. Wir haben gesehen, dass in der Ordenskirche Verbesserungen am Weg sind. Vor allem in den Werken wie Spitälern, Ordensschulen, im Kulturbetrieb oder im Sozialen. Man merkt das in den medialen Produkten wie Websites oder Foldern. Viele gehen in die Beziehungen hin zum Menschen. Ein offenes und ehrliches Entgegenkommen ist zu spüren.

Szenenwechsel. Das Wie ist zentral. Wir sind dabei, uns an die zum Teil inhaltslosen Inszenierungen in der Politik zu gewöhnen. Ein Medienhaus mit besonderer Designkraft unterstützt die Diözese Linz bei einem Mitgliedermagazin. Ganz sicher nicht ehrenamtlich. Kein Foto in ihrer Magazinwelt ist unbearbeitet. Echt ist nicht im Trend. Instagram kennt alle möglichen Fotofilter. Apps machen Fotos, die mit den Ursprungsfotos nichts mehr gemein haben. Eine gigantische Designindustrie hat sich aufgebaut. Die Form bestimmt den Inhalt. Die Form ist der Inhalt. Design ist Sein. Die Bilderwelten haben eine enorme Anziehungskraft entwickelt. Eine Videowall gehört praktisch zur Grundausstattung. In unserem neuen St.AnnaPfarrzentrum haben wir von Beginn an einen leistungsstarken Beamer und eine große Leinwand in die Bühne eingebaut. Es war eine wertvolle Investition in Richtung junger Leute, die gerne bei Theateraufführungen oder ihren Events damit hantieren. Darstellung, Selbstdarstellung ist ihnen geläufig. Bei Großevents knallen Bilder auf die Menschen ein, die alle Augen, Ohren und Hirne dorthin bündeln. Es ist kein Entkommen. Dazu schmiegt sich das Heranpirschen an den User-Willen. Der Köder muss dem Fisch schmecken. Es geht noch weiter. Ich muss mich so präsentieren, dass mich die anderen in ihrer Welt finden. Es gibt keinen eigenen Standpunkt, sondern der Standpunkt des Users, des Kunden, des Konsumenten. Dieser bestimmt alles. Das eigene Können muss ich so designen, dass es sich schon als Bedarf des anderen zum Ausdruck bringt. Im besten Fall als Lösung. Nur keine Konfrontation, sondern immer und überall ein Hinnivellieren auf die Bequemlichkeit. Es gibt kaum eine Auseinandersetzung und Inpflichtnahme des Kunden, dass er oder sie selbst Verantwortung übernimmt. Eine schöne Bestätigung hat sich gerade auf Facebook ergeben. Auf der Seite der Oberösterreichischen Nachrichten wird ein Beitrag gepostet mit dem Hinweis: „Neun von zehn Start-ups schaffen es nicht. Warum Florian Gschwandtner trotzdem investiert." Florian Gschwandtner hat Millionen gemacht mit der Vermessungstechnologie „Runtastic". Das Unternehmen hat er verkauft und investiert jetzt als große Innovationsfigur weit und breit. Ich habe mir erlaubt, in einem Kommentar dazuzuschreiben: „Warum wird mit der Vermessung des Menschen Geschäft gemacht? Sogar mit Investitionsvolumen?" Gut, das ist meine Sicht. Die Menschen verlernen, sich selbst zu beobachten, zu spüren und einzuschätzen. Dafür glauben sie den Geräten und ihren Zahlen und lassen sich nebenbei freiwillig ausspionieren. Die Versicherungen im Gesundheitsbereich nehmen die Zahlen und berechnen den Preis ganz individuell. Ich mache so etwas aus Prinzip nicht. Nun antwortet der Start-up-Investor wie folgt: „Ein Businessmodell gehört zu einem gesunden Unternehmen und ob ein Business funktioniert, zeigen einem die Kunden. Wir helfen Millionen von Menschen fitter und gesünder zu werden und da spielen auch Daten eine Rolle:) Auf die Frage ‚Warum' kann man wohl dies bei vielen Unternehmen stellen. Hauptsächlich wohl darum, weil eine neue Technologie Dinge ermöglicht, die viele Kunden als ‚Convenience'/ Bequem empfinden:)" Dazu sage ich: Nicht alles, was bequem ist, ist automatisch gut. In manchen Bereichen finde ich den Bequemlichkeitsfokus, der schön klingend als Convenience bezeichnet wird, als gefährlich. Das E-Bike wurde beispielsweise für jene erfunden, die beispielsweise steile Wegstücke mit Anzug auf ihrem Weg in die Arbeit bewältigen wollen. Mittlerweile ist es zum Massengerät geworden, um bequem schneller unterwegs zu sein. Der Mensch hat das Vertrauen in seine Kraft verloren. Und: Der Strom aus der Steckdose fließt bequem hinüber ins Fahrrad. Das sind Entwicklungen, die den Menschen extrinsisch machen. Gerade hier würde die Frage nach dem Was, Wie, Warum und Wozu helfen.

Mein Freund Werner Pfeffer hat die Eröffnungszeremonie der Ruderweltmeisterschaft 2019 in Ottensheim bei Linz an der Donau gestaltet. Als Zeremonien- und Kreativmeister ist er ein Hörender, der vor allem mit dem Gehör des Menschen arbeitet. Seine eingespielten Klänge haben bei seinen Workshops immer weitende Wirkung. Öfter haben wir darüber gesprochen, dass das Gehör des Menschen das Letzte ist, was beim Sterben den Körper verlässt. Das Gehör geht als Letztes. Was erleben wir gerade? Das Gehör wird malträtiert und visuell zugeknallt. Schön fand ich daher, dass bei der Eröffnungszeremonie keine Videowall aufgebaut war. Wir haben einfach die fließende Donau, das Gewässer, den Horizont, die untergehende Sonne, die Bühnenaktivitäten in einem besonderen Licht gesehen. Dem Hören wurde Platz gegeben, indem die markante Umgebung des Sportareals akustisch vorgestellt wurde. Man hörte beispielsweise die Glocken des Stiftes Wilhering. Es musste still werden. Und es wurde still. Immer stiller. Allerdings: Eine Sitzreihe vor uns wurde es zwei Politikerinnen zu still. „Ist das jetzt alles?", fragte die eine die andere. „Komm, gehen wir." Sie standen auf und verschwanden, während die anderen lauschten, sich mit inneren Bildern die Umgebung anhand der akustischen Einspielungen hereinholten. Nicht über Bilder, sondern über das Hören und die inneren Bilder im Kopf. Quasi: Kopfkino. Sehr kreativ. Ich fand das extrem mutig von Werner, dass er auf das Gehör gesetzt hat. Bei einem Großevent ist der Mensch nicht mehr gewohnt, anhand des Gehörten die innere Bilderwelt zu aktivieren. Es wurde ganz finster. Langsam begann in zwei Kilometer Entfernung beim Start der Regattastrecke bei toller Musik das Feuerwerk zu starten, bis das Feuerwerk direkt bei uns das ganze Gelände in ein tolles Licht tauchte. Dann urplötzlich Stille und Finsternis. Eine Zeit lang nichts. Die Menschen waren überrascht, staunten, nahmen sich Zeit, das innerlich auszukosten. Dann mit einer Welle der Begeisterung tosender Applaus. Standing Ovations für diese Inszenierung ohne die sonst übliche Bilderlawine und zugeknallte Tonalität. Design vermag zu verinnerlichen und hinauszuschleudern. Der monetarisierte Werbemarkt geht hinaus, lockt heraus, veräußerlicht. Spiritualität hat die gegenteilige Richtung, hin zur Verinnerlichung nach innen. Die Natur kennt ebenso beides, wenn wir an Sturm, Hagel, Regen, Erdbeben denken. Für die Natur ist das Ausnahmezustand, was für den Menschen der Dauerbetrieb ist. „Nur keine Ruhe geben." Und doch geht es darum, dem Menschen und der Welt wieder mehr Ruhe zu geben im Sinne des Hörens, Staunens und Wahrnehmens. Es liegt am Wie, wie wir das Was gestalten.

Aber: Warum und wozu tun wir das? Die mächtige Kernfrage: Warum? Wozu? Unbestritten ist, dass sich diese Frage jede und jeder Einzelne immer wieder an sich selbst richten muss. Es geht nicht darum, an dieser Frage hängen zu bleiben oder demotiviert zu werden. Sie öffnet erst die wirklichen Kraft- und Resilienzfelder des Lebens. Gibt ein tiefes positives Warum und Wozu in den seelischen Resonanzräumen den Ton an, dann ist alles oder zumindest vieles gewonnen. Jene Menschen, die extrinsische Motivationen wie Karriere, Geld, Status oder pure Macht hier stehen haben, müssen eine Menge ablenkende Schutzschilde rund um sich aufbauen. Große Autos oder überdimensionierte Häuser sind die Folge. Die Seele bleibt allerdings zittrig angesichts der weltlichen Großgebilde. Selbst die Kirche kennt diese Erfahrung, wenn sie glaubt, Besitztümer und Reichtümer anhäufen zu müssen. So manches liturgische Gewand erinnert nicht an Jesus, sondern an Könige und Kaiser irdischen Gepräges. Papst Franziskus ist als Jesuit und Bischof ein „echter Franziskaner" geworden, der zwar in der Mitte der Kirche wirkt, aber dabei draußen anfängt zu werken. Das tut gut nach den Jahrzehnten der Selbstbetrachtung und der Verwicklungen in Intrigen und so manche Grauslichkeiten. Die Zeichen, die Rituale, das Design darf das Eigentliche nicht durch moralische Rechthaberei oder Besserwisserei verstellen. Das Alte wird nur dann alt, wenn es gut ist. Das Neue ist nicht besser, weil es neu ist.

Immer wieder erreicht mich die Frage, warum und wozu beispielsweise Kirche. Ich versuche einfach zu antworten. Wie kommt mehr Liebe, Empathie und Compassion in die Welt? Das ist der Auftrag der Kirche, der Getauften und vor allem derer, die vorne gehen (müssen). Wenn wir auf verschiedene Aktivitäten oder Aktionen der Kirche schauen, sollten wir immer fragen: Hat das jetzt mehr Liebe in die Welt gebracht? Ich könnte viele Begebenheiten bis hinein in die Details schildern, wie Zeit für Rechthaberei, dem Schüren von Misstrauen, dem destruktiven Vergleichen bis hin zu Hasstiraden verschwendet wird. Da ging es nicht um Hingabe oder Dienst, sondern um Ego oder strategische Destruktionen. Charmant fand ich den Vorschlag des Generalvikars damals 2010, als ich von meiner Aufgabe als Kommunikationschef entpflichtet wurde, für eine neue Aufgabe in der Diözese. Ich sollte das Konfliktmanagement übernehmen. Gut, dass ich als Symbolfigur Teil des Konfliktes war, sprach eindeutig dagegen. Aber irgendwie fand ich aus der Erfahrung des Weitgehens durch Österreich 2004 und nach Assisi 2009 den Vorschlag charmant. Mit einem Lächeln meinte ich damals zum Generalvikar: Gut, das kann ich mir vorstellen, wenn ich zu jedem Konflikt zu Fuß hingehen darf. Wenn es Streit oder Konflikt an den Grenzen der Diözese gegeben hätte, dann wären da schon bis zu vier Tage nötig gewesen. Bis heute bin ich überzeugt, dass genau dieses Gehen Liebe und Empathie, ein richtiges Einordnen von Streitereien gebracht hätte. Wer lässt jemanden einfach vier Tage gehen, um über Banalitäten zu streiten. Ich hätte die Konfliktpartner auch eingeladen, mir gehend entgegenzukommen. Es wird im Gehen gelöst. In diesem Fall hin auf Versöhnung, die eine besonders wertvolle Form der Liebe ist. Es hat sich aber dann nicht ergeben. Ein zu extravaganter Ansatz, der mich heute noch mehr „juckt".

Was die Liebe betrifft, ist mir klar, dass das Wort in manchen Kreisen abgegriffen klingt. Ich bleibe dabei. Jesus ist aus Liebe seinen Weg gegangen, um Liebe zu bringen und Liebe zu mehren, um liebesfähig zu werden und zur aufrechten Liebe zu erwecken. Das alles fühlt sich für mich nicht pathetisch, sondern sehr realistisch an. Jesus als die inkarnierte Liebe Gottes unter uns Menschen. Die Kirche selbst hat daraus den Christus, den Liebesgesalbten gemacht. Mir ist bewusst, dass ich theologisch falschliege. Das pathetische Sprechen von Christus hebt Jesus hinauf, schafft eine Distanz, gibt ihm eine Art von abgehobener Bedeutung und verführt die Menschen zur Verehrung statt zur Nachfolge. Auch die biblische Anrede „Herr Jesus Christus" trägt schon das Herrschaftliche in sich. Mir ist klar, dass für Insider die Dinge anders klar sind. Für Außenstehende, Fremde und vor allem Fremdgewordene im Glauben hört sich das allerdings ganz anders an. Gerade der feministischen Theologie verdanke ich hier eine gewisse Sensibilität, auch als Mann. Jesus, Bruder, Geschwister, Verbundenheit auf Augenhöhe, inklusiv und Gerechtigkeit schaffend. Das meint aus meiner Sicht Liebe.

Die Ordensgründerinnen und Ordensgründer standen aus meiner Sicht in dieser Liebe. Da war Not. Hier sind wir. Ganz viele Ordensgründungen gehen auf solche Situationen zurück. Menschen wurden gezwungen, im Desaster und Elend zu leben. Gerade am Beginn der Industrialisierung im 19. Jahrhundert gab es viele solcher Hotspots der Not wie heute in den Sklavenländern des globalisierten Marktes wie in Indien, China oder Äthiopien. Menschen werden gezwungen, unsere billigen Jacken in Fabriken in Indien zu produzieren, die Arbeitsstelle und Schlafstelle zugleich sind, die Fenster vergittert. Genau diese Jacke, die bei uns wärmt, lässt Seelen dort erfrieren. Das Coronavirus hat in letzter Zeit mitten in Europa solche Zustände „geoffenbart". Genauso war es beim Bau des Westbahnhofes in Wien im 19. Jahrhundert. Industriearbeiter wurden mit ihren Familien in ärmsten Unterkünften in der Nähe der Baustelle angesiedelt. Kein ordentliches Essen, keine Schule, keine Zukunft. Der Ordensgründerin Maria Theresia Gerhardinger schwebte eine geistliche Gemeinschaft vor, die Gebet und Bildung in diesen Milieus als Auftrag annehmen. So kamen die Schulschwestern nach Wien in den 15. Bezirk beim Westbahnhof. Ein großes multireligiöses und vielsprachiges Schulzentrum ist heute die Frucht. Persönlich berührt hat mich eine Erzählung von der Ordensgründerin, die ich von der Präsidentin und Provinzleiterin Sr. Beatrix Mayrhofer bei einem Schultag gehört habe. Was ist und bleibt das tiefe Warum und Wozu der Ordensschulen? „Es geht immer darum, jenen Kindern einen Platz zu geben, die es sehr schwer haben. Ihnen Räume der Bildung und Ausbildung zu öffnen, sie hereinzunehmen, sie in die Mitte zu stellen, bleibt der immerwährende Auftrag. Das gilt für die Schwestern und genauso für die Verantwortlichen nach den Schwestern." Die Ordensfrau legt den

Schulverantwortlichen diese Geschichte in die Mitte. „Unsere Gründerin Maria Theresia Gerhardinger ist mitten in der Nacht aufgestanden zum Gebet. Dieses nächtliche Gebet war ihre Quelle und Aufgabe zugleich. Sie ging dabei aber nicht in die Kapelle, sondern in die Schulklasse, wo jenes Kind saß, das es gerade am schwersten hatte. Sie nahm den Sessel des Kindes und setzte sich drauf. So verrichtete sie ihr Nachtgebet." Es war tiefes Schweigen im Raum, weil alle spürten, welche Kraft und Aufgabe hier formuliert wurde, aus einem tiefen Vertrauen auf Gott und einer Sehnsucht, mehr Liebe in die Welt zu bringen. Für mich zeigen genau diese gelebten Geschichten, dass es weniger auf formelhafte Leitbilder oder Markenkerne ankommt als auf Menschen, die in ihrer Gottverbundenheit freigespielt sind hinein in die unglaubliche Liebesfähigkeit und Hingabe an die Geringsten und die Schwächsten am Rand.

Wenn Organisationen lebendig bleiben oder werden wollen, ist es hilfreich und zielführend, die drei Zwiebelschalen der Reihe nach und immer gemeinsam zu betrachten. Es ist eine besondere Anfrage an die Bestimmung, den Auftrag, den sie für das Ganze erfüllen wollen. Dabei spielt es eine große Rolle, welches Vorzeichen vor den Tätigkeiten steht, ähnlich einem Klammerausdruck der Mathematik. Steht davor ein Minus, ist das Ergebnis ein anderes als bei einem Plus. Einige Transformationen hin zum Plus als Vorzeichen sind meiner Erfahrung geschuldet. Auch wenn Menschen, Ereignisse oder schicksalshafte Zusammenhänge ein Minus vor die Lebensrechnung setzen, war es mir immer gegeben, daraus wieder ein Plus zu machen. Gerade im Scheitern erkennen wir als

Christen nicht das Minus, sondern das Kreuz. Und genau von diesem Kreuz geht Heilung, Heilsames und die wirklich tiefe Fülle des Lebens aus. Es gibt den Orden der Kreuzschwestern. Gerade sie können das Minus vor dem Leben durch ihren „vertikalen Bezug zu Gott" in ein Plus verwandeln. Eine schöne und hilfreiche Betrachtung. Ein spirituelles Leben ist Kern und Basis für ein christliches Leben, das immer ein inklusives, ein helfendes und oft im Widerspruch zum Mainstream stehendes Leben ist. Wir begegnen heute vor allem Frauen und Männern als Exotiksuchern, Ursprungssuchern, Selbstsuchern, Traditionssuchern, Gottsuchern und Zukunftssuchern. Diese Schlagworte helfen beispielsweise bei einem Vortrag oder einer Feierlichkeit, die mich anschauenden Gesichter im Publikum zu deuten. Wenn wir heute von den „Top Five" der Spiritualität reden, dann geht es um Communio, um eine tiefe Verbundenheit und um neue Verbündungen, wie ich es aus der Social-Media-Welt ableiten würde. Dort reden wir von Konnektiven und nicht mehr so sehr von Kollektiven. Dann ist Präsenz, das Da-sein in einer breiten und fokussierten Aufmerksamkeit und Wahrnehmung, unabdingbar. Mögen heute noch so viele nach Transparenz rufen, so basiert spirituelles Leben immer auf einem tiefen Geheimnis, auf Transzendenz, auf Gott. Der Versuch, das Geheimnis wissenschaftlich ausleuchten zu können, führt aus meiner Sicht bei behutsamer Wahrnehmung näher an das Geheimnis heran. Der Quantenphysiker Anton Zeilinger hat in einem persönlichen Gespräch gemeint, dass er immer mehr zum „Theologen" geworden ist. „Die Hinweise auf Gott verdichten sich mit jeder neuen Erkenntnis." Wesentlich für Spiritualität ist das Aufgeschlossen-sein, geöffnet zu sein. Rufen wir das Wort Religion in einen Raum mit vielen Menschen, dann taucht bei den meisten Macht als Assoziation auf. Macht engt ein, will recht haben. Rufen wir „Spiritualität" in denselben Raum, so taucht „Freiheit" als Assoziation auf. „Freiraum für Gott und die Welt". Religion hat eine Tendenz zur Verengung in sich, weil es den Religionen nicht gelingt, die Machtfrage trotz gegenteiligem Gründungsauftrag (Fußwaschung) zu eliminieren. Spiritualität öffnet und befreit. Nach Communio, Präsenz, Geheimnis, Aufgeschlossen-Sein ist Humor der fünfte Aspekt, der nochmals frei und leicht macht. Selbstironie und Distanzfähigkeit ist einer gelassenen und engagierten spirituellen Existenz dazugegeben. So klingt das Leben.

Immer wieder wurde ich in der Zeit meiner Kommunikations- und Medienarbeit für die Ordensgemeinschaften in Österreich gefragt, wo eine „coole Gemeinschaft" zu finden sei. Da sind mir schon ein paar Frauen- und Männerorden eingefallen wie die Klaraschwestern in Bregenz oder die Franziskaner in Pupping in Oberösterreich. In der Schweiz aufgebrochen, bin ich abends zu den Klaraschwestern gekommen. Ihr einfaches Kloster hat für mich eine besondere Wärme ausgestrahlt. Alle sind wir am Abend noch um den viereckigen Tisch gesessen, haben wichtige und unwichtige Themen ausgetauscht. Von jung bis alt. Immer hatte ich das Gefühl, dass sich eine gute Neugierde gegenseitig anschaut. Die Aufmerksamkeit, der Humor und dann wieder das ganz tiefe und betroffene Austauschen. Irgendwie lag ein unglaubliches Quantum Vertrauen in der Luft, das noch dazu durch Qualität ausgezeichnet war. Das Was und Wie passte wunderbar zusammen. Auch das Wozu ihres Daseins über der Stadt war schon am Abend spürbar. Man sagt so einfach: Für die Menschen da sein. Am nächsten Tag habe ich es gesehen und erlebt. Nach der Nacht im einfachen Gästezimmer, von denen es einige gibt, ging ich zum Frühstück und zum Gebet. Ihren besonderen Dienst sehen sie im gemeinsamen, regelmäßigen Gebet. In aller Frühe habe ich es nicht geschafft, aber am Vormittag habe ich die Gebetszeit mitgemacht. In ihrer Gastfreundlichkeit zeigten sie mir alles, damit ich nicht nur schauen und hören musste, sondern auch mitmachen konnte. Eine etwa vierzigjährige Frau saß auch da. Sie hatte schon Tränen in den Augen. Das verstand ich erst später. Sie war einige Tage hier im Haus bei den Schwestern. Ihre besondere Aufgabe im pädagogischen Bereich stellt sie manchmal vor große Herausforderungen. Da kommt sie ein paar Tage ins Kloster, um einfach da zu sein. Nach dem Gebet wird sie aus meiner Sicht sehr schön, persönlich, mit Umarmungen wieder auf den Weg geschickt. Ihr Gesichtsausdruck ist hoffnungsfroh und gestärkt. Da sind nicht viele Worte, sondern Gesten von Herz zu Herz. Jede Schwester drückt sie, segnet die Frau und wir gehen auseinander. Sie hatte Tränen der Zuversicht und Dankbarkeit geweint. Es hat mich selbst auch ganz tief angerührt.

Das Franziskanerkloster Pupping hat für mich auch eine besondere Ausstrahlung. Die Ausstrahlung ist keine erfolgreiche, sondern für mich eine nüchtern liebende. Weite und Offenheit werden hier gelebt. „Wir sind ein offenes Kloster. Jede und jeder ist heute eingeladen hier mitzuleben, mitzuarbeiten und mitzubeten.“ Bruder Fritz Wenigwieser ist seit

Jahren hier, legt selbst bei allen Renovierungsarbeiten Hand an, Motorsäge und Spachtel gehören zu seinen Instrumenten. Er sieht einen Unterschied, ob ich mich in ein Kloster zurückziehe und mich öffne, oder ob ich mich zurückziehe und mich verschließe. Das eine bedeutet Tod, Isolation, und das andere bedeutet Leben. „Zurückziehen in ein Kloster heißt für mich, sich Freiraum geben, aber nur um sich zu öffnen. Gott gegenüber und den Menschen draußen, aber auch den Menschen, die hier miteinander leben." Die franziskanische Lebens-, Denk- und Handlungsweise ist mir bei meinem 52-tägigen Pilgern nach Assisi nach meiner Entpflichtung in der Diözese Linz 2009 besonders ans Herz gewachsen. Es ist nicht nur die Art der vagabundierenden Spiritualität, der Mut, klein zu beginnen und die hellwache Art, mit der Mitwelt und in der Umwelt zu leben, die mich anspricht.

Bei einem Workshop beim Kongress für Solidarische Ökonomie in Berlin durfte ich Fabian Scheidler persönlich kennenlernen. Sein Buch *Das Ende der Megamaschine* habe ich oft empfohlen. „Megamaschine" ist eine Metapher für ein Gesellschaftssystem, das vor etwa 500 Jahren in Europa entstanden ist und sich seither mit sehr viel Gewalt um den ganzen Planeten ausgebreitet hat. Sein Kern ist das Prinzip der endlosen Geldvermehrung. Aktiengesellschaften etwa sind ökonomische Maschinen, deren einziger Zweck es ist, aus dem Geld der Shareholder mehr Geld zu machen, egal mit welchen Mitteln. Diese unersättliche Akkumulation ist der Grund dafür, dass das System immer weiter expandieren und wachsen muss, um zu bestehen. Innehalten und Mäßigung sind in seiner Logik gleichbedeutend mit Krise und Zerfall.

Und das beschert uns einen Großteil der Krisen, die heute unsere Existenz bedrohen. Mit diesem Bild erklärt er sehr einprägsam und klar die Machtvorgänge, das Geldsystem und die Auswege. Aber Vorsicht: Die Megamaschine läuft aus sich selbst heraus. Sie bewegt sich selbstprogrammiert. In dieser Programmierung haben es sich die Mächtigen so gerichtet, dass sie immer profitieren. Selbst in Krisen. Nein, gerade Krisen sind Geldbringer und Machtgaranten. Scheidler benennt den Tod der Welt. Das meint die technokratische Vorstellung, dass sich unsere Wirklichkeit, unser seelisches und geistiges Leben und überhaupt alles Leben auf mechanische Gesetze zurückführen ließe. Dass wir im Grunde nur biologische Maschinen seien. Wissenschaftlich ist dieser Ansatz längst gescheitert, aber ideologisch noch sehr mächtig. Und einige technologische Entwicklungen, etwa im Bereich der Künstlichen Intelligenz, versuchen den Menschen tatsächlich auf ein Maschinenteil zu reduzieren. Das ist dann wirklich der Tod der Welt. Nach Scheidler besteht die „Auferstehung" darin, zu der Einheit von körperlichem, geistigem und seelischem Erleben zurückzufinden und sich gegen die Versklavung durch die Maschinenwelt zu wehren, sich ihr nicht auszuliefern.

Wer diese Gedankengänge und das Wissen um unsere Geschichte einmal so gedacht hat, muss unweigerlich systemkritisch werden. Immer wieder fällt mir der Traum von Franz Jägerstätter ein: Der Zug fährt in den Abgrund, und so viele wollen mitfahren. Solidarische Ökonomie ist die Alternative, die es heute konkret zu leben und in Systemen abzubilden gilt. Nicht Geld, Gewinn, Monetarismus stehen im

Vordergrund, sondern enkeltaugliche, solidarische und ökologische Lebensstrukturen. „Es braucht ein neues Hören" hat in Berlin ein Workshop geheißen. Wir sind dort schließlich bei der Spiritualität und Liebe gelandet. Viele Menschen lehnen heute aufgrund der Herrschafts- und Gewaltgeschichte der Kirche kirchliche Betrachtungsweisen ab. Aber im Klang einer Schale spüren wir etwas, was uns öffnet für einen größeren Raum als den der Vernunft, der Preistafel, der Oberfläche. Ich bin überzeugt, dass wir scheitern, wenn wir uns diesem spirituellen Raum (für uns Christen „Gott") gegenüber nicht öffnen. In die Tiefe hinein. Die Stille kann uns das lehren. Oder das Gehen, das Pilgern. Am Abend habe ich mir damals in der Veteranenstraße am Prenzlauer Berg die Füße vertreten. Ein Buch fällt mir zufällig in die Hand: Pierre Rabhi, *Glückliche Genügsamkeit*. Es ist ein Büchlein, das ich gleich verschlungen habe. Es deutet an, dass gerade im Weniger die größte Lebensqualität liegt.

Die Orden haben oder hätten heute die Chance, eine neue Sicht auf Leben zu vermitteln und genau diese ersehnten „Andersorte" zu sein. Dort sollte die Balance von Ich und Wir und Mitwelt immer wieder gesucht werden. Der Mensch selbst bewegt sich zwischen egoistisch und gemeinschaftlich. Ins Ego werden wir täglich von Werbung und Smartphone getrieben, sodass wir es mit einem weit verbreiteten Narzissmus zu tun haben. Der Narzisst versucht nämlich verzweifelt zu lieben und kann sich nicht lieben. Das ist die Tragik einer narzisstischen Persönlichkeit. Nur der, der sich selbst gefunden hat, kann aus diesem Gefängnis ausbrechen und kann sich auf den anderen Menschen ganz neu einlassen. Man kann sich allerdings nur selbst finden, wenn man ein Du, ein Gegenüber anerkennt, mit ihm in Begegnung ist. Am Du finden wir letztendlich zu uns selbst. Und das gute Leben. Auch hier gilt: Wenn ich versuche, unbedingt gut zu leben oder glücklich zu sein, werde ich wahrscheinlich der unglücklichste Mensch. Das Gute oder das Glück erfahre und empfinde ich, weil ich Werte lebe, weil ich ein wertvolles Leben führe und Zugehörigkeit erfahre. Wenn ich meinen Alltag als gut und schön erfahre, erlebe ich Glück. Würde ich diese Werte direkt anstreben, dann würde ich mich im Unguten oder im Unglücklichen wiederfinden. Hier bin ich wieder bei Bruder Fritz von den Franziskanern in Pupping: „Das Entscheidende sind Rhythmus und Balance: Wie kann ich zwischen Gebet und Arbeit, wie kann ich zwischen der Einsamkeit und dem Gemeinschaftsleben, wie kann ich zwischen meiner Alltagswelt und den tiefen Fragen, die die Menschen bewegen, eine Balance halten? Wenn ich diese Balance halte, ist das Gute automatisch hier und ich brauche es nicht zu suchen." Das Gute ist immer die Konsequenz eines sinnvollen Lebens.

MITMACHEN: Wie wir uns verlebendigen, entfalten, entwickeln, begeistern

Praktisches Mitmachen-können und unkomplizierte Involvierungsmöglichkeiten entwickeln Begeisterung und Motivation. Dabei hat sich in Untersuchungen herausgestellt, dass Musik, Bühne, Bewegung und soziale Aktion jene Betätigungsfelder sind, wo der Mensch die größte Leidenschaft und das größte ehrenamtliche Potenzial entwickelt. Mitmachen können ist der zentrale Aspekt der Verlebendigung. Das schafft Bindung an die Gruppe, die Gemeinschaft, und identifiziert sie mit ihrem Auftrag in dieser Welt. Wer sich barrierefrei einbringen kann mit seinen oder ihren Fähigkeiten und Talenten, den Charismen, kann und wird sich zu einem Träger oder einer Trägerin des gemeinsamen Auftrages entwickeln. Ist das mit absichtsloser Wertschätzung verbunden, wird sich diese Person zu einem positiven Kundschafter entwickeln. Eine tiefe Leidenschaft schafft jene Anziehungskraft, von der Menschen angesprochen werden wollen. Entlang dieser Anziehungskraft entsteht Anhängerschaft, die sich ihrem Auftrag gemeinsam ganz hingeben kann. So werden Menschen fähig und mit Lust ausgestattet, wieder andere Menschen zu bewegen und der Welt davon zu erzählen. Wer Wesentliches bewegen will, muss Menschen bewegen. Die Leidenschaft, die Begeisterung und das Feuer strahlen aus. Was wir ausstrahlen, das kommt zurück. Eigentlich ist nur Begeisterung ansteckend. Als Christen denken wir an Pfingsten, das Fest der Begeisterung, der „Befeuerung“. Das, was wir tun, hat seine Bedeutung für andere. Wir bleiben nicht bei uns, sondern Begeisterung teilt, trägt, sucht die anderen, dient ihnen. Genau dieser Spirit kann eine magische Anziehungskraft entfalten. Jeder und jede hat die Chance, das Leben von Menschen zum Positiven zu verändern und die Welt zu einem besseren Ort zu machen. Mit Musik, Bühne, Bewegung und sozialem Tun sind Erfüllung, Verwirklichung und Zugehörigkeit für alle möglich. Hier wollen die Menschen mitmachen.

Am Ostermontag 2012 habe ich das mit langfristigen positiven Folgen im Kloster Volkenroda in Thüringen am eigenen Leib erlebt. Nach dem 26-tägigen Gehen am Grünen Band am Ziel angekommen. Ulrike Köhler hat mir in fünf Minuten kompakt und mit einer begeisterten Tonalität das evangelisch-ökumenische Kloster als großes soziales Netz mit ihren Aufgaben, der Genese und den aktuellen Vorhaben erklärt. „Sie brannte innerlich vor mir“, habe ich später in mein Tagebuch geschrieben. Dann die alles entscheidende Mitmach-Frage: „Was tun sie morgen Vormittag?“ Ich erkläre ihr kurz, dass ich gerne zwei Tage dableiben, alles anschauen und erleben möchte. Dieses evangelische Kloster mit dem Christuspavillon von der Weltausstellung in Hannover möchte ich einfach kennenlernen. Es hat sich gut angefühlt und meine Intuition sagt mir, dass ich hier an einem besonderen Ort bin. Meine sympathische und agile Gesprächspartnerin macht mir gleich einen konkreten Vorschlag: „Wir werden morgen vormittags auf unserer neuen Streuobstwiese etwa fünfzig Bäume pflanzen. Wollen sie uns helfen?" In meinem Kopf geht um, dass gerade in manueller handwerklicher Zusammenarbeit ein besonderes Kennenlernen möglich ist. Spontanantwort: „Ja!" Noch heute spüre ich die händische Arbeit beim Ausgraben der Erdlöcher. Aber irgendwie bin ich stolz, dass im fernen Volkenroda in Thüringen fünf Obstbäume wachsen, die ich gepflanzt habe. Es war eine besondere und unglaublich starke Form der Verbündung mit diesem Ort und den Menschen dort. Solches Mitmachen, das in diesem Fall mit Schweißperlen verbunden war, hat mich als Ganzen hineingenommen. Schon mehrmals war ich wieder dort. Alleine und in Gruppen. Bis heute.

Das Zusammenspiel der vier motivierenden Erfahrungs- und Kraftfelder Musik, Bühne, Bewegung und soziales Tun für ein intrinsisch begründetes Engagement sehen wir baulich in vielen Ordensschulen und Ordenspfarren realisiert. In einem Gespräch mit den Leitenden der Ursulinen in Graz haben wir „stage, movement, social, music" durchbuchstabiert. Dieser konkrete Schulort dient mir hier als Beispiel, die vier Felder aufzureißen, um sie danach noch genauer unter die Lupe zu nehmen.

Bühne, Theater, Spiel und Darstellung haben dort ihren Platz bekommen und ihre Wirkung entfaltet. Mir wird erzählt, dass ein Mädchen sich nie etwas zu sagen getraut hat. Dann stand sie vor 300 Leuten auf der Bühne und hat ganz alleine ihr Lied gesungen. Sie hat gestrahlt. Auf der Bühne hat sie zu sich selbst gefunden. Diese Persönlichkeitsentwicklung fußt auf begeisterten Lehrkräften, die sich als Ermöglicher von großen Bühnenerfahrungen sehen, wenn sie beispielsweise entlang von unverbindlichen Übungen ganze Musicals entwickeln. Bis 2015 waren Kapelle und Musiksaal Orte für Aufführungen. Viel zu klein. Mit einem neuen Zubau wurde ein guter Präsentationsraum geschaffen, der genau diesen Ausdrucksmöglichkeiten Raum gibt. Sehr fein, dachte ich damals.

Wenn es um Musik geht, dann sind bei den Ursulinen der Lehrerchor, mehrere Schulchöre und der Absolventinnenchor lebendige Beispiele und Hinweise. Es wird in den verschiedensten Formationen gesungen, musiziert. Rund um die Schulpastoral hat sich ein Projektchor dazugesellt, bestehend aus Lehrenden aller Schulen, aus Angestellten des Hauses und ehemaligen Schülerinnen. Musik schlägt Brücken. So wird spürbar, dass viele mit einer tiefen Emotion an das Haus gebunden sind und bleiben. Dazu lässt die Musik am ehesten erahnen, dass es bei Bildung immer um den ganzen Menschen geht, der in Schwingung versetzt wird und Resonanzen ermöglicht. Das klang ausgezeichnet.

„Botswana, Thailand, Guatemala oder Indien haben bei uns ganz konkrete Konnotationen." Die Direktorin des Gymnasiums, Sr. Anna Kurz, erzählt von Sozialpraktika, der

Finanzierung von Schulplätzen, Besuchen bei den Projektpartnern oder dem Verkauf von Produkten aus fernsten Ländern an der Schule. „Es entsteht hier mehr als Hilfe. Es finden Begegnungen mit konkreten Menschen statt, die nicht selten zu Freundschaften werden. Bereits mehrere Schülerinnen haben nach der Matura ein freiwilliges soziales Jahr in Guatemala gemacht. Die Welt wird durch dieses Engagement viel begreifbarer, bekommt Gesichter. Die Schülerinnen und Schüler machen Erfahrungen, die sie internationalisieren und sensibilisieren für die Lebenssituation anderer. Sie lernen, wie die Welt zusammenhängt. Soziales Engagement kann unglaublich bereichern." Hier ist offensichtlich, dass Teilen reich und glücklich machen kann.

Bewegung ist nicht einfach Sport. Und doch zeigt sich an diesem Schulzentrum in Graz konkret, dass Leistung und gemeinschaftliches Erleben gut zusammengehen, einander bedingen. „Wir haben begeisterte Läufer und Läuferinnen unter den Lehrkräften. Diese Begeisterung springt über. Deshalb nehmen Schülerinnen und Schüler an verschiedensten Wettbewerben teil, sie laufen, um zu gewinnen, oder für soziale Zwecke. Der 2015 neu errichtete Turnsaal ist immer voll ausgelastet. Hier ist immer Bewegung." Die frühere Direktorin, Sportlehrerin und jetzige Vorsitzende des Schulvereins, Sr. Andrea Eberhart, ist personifizierte Bewegung. Sie hat Sport unterrichtet. Den Schülerinnen und Schülern aus verschiedenen Altersstufen ist beispielsweise beim Besuch anzusehen, dass sie sich in diesem „Bewegungsraum" an der frischen Luft im Hof wohl fühlen. Die Bewegung erfüllt immer den ganzen Menschen. Der Mensch lebt auf, wenn er sich körperlich in der Bewegung zum Ausdruck bringen kann. Da gehört auch dazu, dass er sich dann und wann auch messen darf oder im Team das Zusammenspiel lernt. Es ist nicht der Pokal oder die Medaille, sondern die Lust und innere Freude am bewegten Körper, der sich durch Anstrengung auch im eigenen Schweiß baden möchte. Ein herumfliegender Ball trifft mich am Kopf. Und schon schieße ich zurück.

Die Verantwortlichen an diesem Grazer Schulzentrum sind sich einig: „Diese vier Felder sind eine notwendige Ergänzung zum intellektuellen Lernen. Das stärkt die Persönlichkeiten. Genau dort können Schwächere leichter mitkommen oder finden gerade in Sport, Theater oder Musik ihre Stärken wie das schüchterne Mädchen." Diese vier Blickwinkel lassen die Kinder in ihrer Ganzheit sehen. Das haben schon die Bildungsansätze in der Antike gewusst. Hier kommen die Stärken, die Talente in den vielfältigen Ausdrucksmöglichkeiten eher zum Vorschein als im Klassenzimmer alleine. Gerade in diesen vier Feldern tun sich spontan unterschiedliche Menschen zusammen und musizieren, helfen oder sporteln. Wo diese vier Felder und Räume bewusst geöffnet werden, sind Menschen mit ihrer Begeisterung, ihren Fähigkeiten dabei. Hier findet das Leben einen fruchtbaren Nährboden, besonders lebendig zu werden.

Bei allerlei Musik

„Dürfen wir die Kirche anbohren?" Das klang in meinen Ohren zuerst bedrohlich, nicht nach Musik. Aber: In der Folge wurde die St.-Anna-Kirche im Bergdorf ein Klangraum, wie wir ihn bis dahin noch nicht gesehen, gehört, wahrgenommen oder gespürt haben. Mit sechzehn Jahren war unser Sohn Mathias der jüngste Chorleiter in Oberösterreich, vielleicht ganz Österreich. Heute ist er Musiker und Kulturschaffender. Sein Instrument ist die Stimme, die Bassstimme beim Vocalensemble LALÁ. Seit über zehn Jahren erklingen die zwei Frauen- und zwei Männerstimmen nicht nur von vielen österreichischen Bühnen, sondern ebenso europaweit bis hinüber nach China oder Taiwan. Die LALÁ-Stimmen von Julia, Marianne, Peter und Mathias sind bekannt für ihren besonderen Klangkörper. Viele Preise haben sie mit nach Hause genommen, beispielsweise den Publikumspreis „vocal.total" aus Graz oder den internationalen „Xing-Hai Prize" aus Guangzhou in China. Zurück ins Bergdorf, wo wir ein kleines feines Reihenhaus unser Eigen nennen. Der kleine Garten war immer irgendwie ein Treffpunkt für Jugendliche. Ein kleines oder größeres Lagerfeuer zur möglichen und unmöglichen Zeit wurde angezündet, die Gitarren stets bereit, der gemeinsame Gesang bald „on air", sei es für die Nachbarn gelegen oder ungelegen. Nie hat sich jemand bei uns direkt beschwert. Hochachtung. So entwickelten sich entlang der Musik Freundschaften, die ihren vergrößerten Ausdruck finden wollten. Die Pfarrkirche war dafür der größte Raum, den diese Jugendlichen zum Klingen bringen wollten. Die jungen Leute verfolgten einen besonderen Plan. Alle musizierenden Gruppen des Bergdorfes sollten in einem Konzert auftreten und ihre Musik darbieten. Dafür wollten sie den Raum nicht nur als besonderen Klangraum vorbereiten, sondern diesen ebenso in ein besonderes Licht tauchen. Das Auge hört mit. Dafür war es nötig, die Scheinwerfer hoch aufzuhängen. Deshalb die Frage: Dürfen wir mit einer Bohrmaschine die Betonsäulen anbohren, Dübel einschlagen und die Lichtstrahler daran aufhängen? Ich war damals für die Pfarre und Kirche verantwortlich und dachte mir: Jetzt hellwach sein, besonderes Fingerspitzengefühl aktivieren, weil das eine ganz besondere Form wird, wie sich junge Menschen an den Kirchenraum heranpirschen wollen. Mein Angebot lautete: „Sechs Dübel dürft ihr einbohren." Das war in ihren Augen wenig, aber es hat gereicht. Für Einzelne in der Pfarre war das fast ein Sakrileg. Drei Tage lang haben die Jungen gemeinsam in und an der Kirche gearbeitet, um einen besonderen Erlebnisraum zum Hören und Staunen zu schaffen. Voller Begeisterung waren sie bei der Sache. Eine große Bühne wurde hereingeschafft und bot allen Chören und Musizierenden Platz. Ein besonderes Licht erfasste die beim Konzert überfüllte Kirche. Die Chöre, Gesangsgruppen und die Musikkapelle haben es genossen, in diesem „neuen Raum" zu musizieren. Musikalisch schwierige Stücke wurden tagelang geprobt und zur Aufführung gebracht. Es war in all den Jahren im Bergdorf ein besonderes Highlight. Die Musik vermag Menschen durch alle Schichten neu zu beleben, aufatmen zu lassen und staunend dankbar zu sein. Wenn dabei ein besonders stimmiger Resonanzraum zur Verfügung gestellt wird, adaptiert werden darf, ist die Motivation umso höher. Hört den Jungen genau zu und gebt ihnen Raum, Freiraum, der zum besonderen Klangraum des Gemeinwesens werden kann.

Gute Musik ist Ausdruck einer lebendigen und kraftvollen Gemeinschaft. Ich meine hier Gemeinschaft als Gemeinwesen im Zusammenhalt. Community klingt mir zu oberflächlich. Würde aber auch durchgehen. Musik verbindet auf besondere Weise und durch alle menschlichen Lebensschichten hindurch, bis ganz tief hinein in die Seele. Immer wieder bin ich im Bergdorf mit der Krankenkommunion zu alten Leuten gegangen. Ich erinnere mich an eine weit über 90-jährige Frau, die nichts mehr gehört hat, die Augen verschlossen hielt und keine Reaktion zeigte. Natürlich war sie da, aber wir konnten die Weise ihres Daseins nicht unmittelbar wahrnehmen. Ihr Schwiegersohn hat sie mit lauter Stimme darauf hingewiesen, etwa so: „Der Ferdl ist mit der Kommunion da." Ich kenne die Frau seit meiner Volksschulzeit, weil der Schulweg an ihrem Haus vorbeigeführt hat. Ein meterhohe Schneewechte gleich hinter dem Haus hat uns am Heimweg von der Schule immer viel Spaß beim Abrutschen bereitet. Damals hat sie uns immer wieder einmal beobachtet, ist dann herausgekommen und hat uns darauf hingewiesen, dass unsere Eltern daheim auf uns warten. Das war damals nicht ganz richtig. Sie haben nicht gewartet, sondern waren froh und dankbar, wenn wir da waren. Da war viel Vertrauen, ein Urvertrauen mit großen Freiheitsbrocken dem Schulweg gegenüber da. So ein Schulweg hat schon einmal den ganzen Nachmittag in Anspruch genommen. Meist war es der Hunger, der uns heimgetrieben hat. Oder die Kälte, weil die Kleidung weit weg war von der Funktionskleidung heute. Ich gehe behutsam in das Zimmer, in die Nähe der kleinen bettlägerigen Frau, setze mich vorsichtig auf den Stuhl gleich am Bettrand. Sie reagiert nicht. Geduld und innehalten. Ihr Gesichtsausdruck sagte mir, dass sie nach innen lächelt. Von der Kirche wusste ich, dass sie immer mitgesungen hat, so gut es ging. Ganz leise begann ich zuerst zu summen. Dann mischte ich allmählich den Text dazu: „Jesus, dir leb ich, Jesus dir sterb ich, Jesus dein bin ich im Leben und im Tod." Beim zweiten Mal macht sie die Augen auf, schaut mich an, beginnt zu summen, die Lippen sagen den Text mit. Es war ein Lied, das sie ganz tief innen angerührt hat. Das Lied wurde in der Pfarre beim Gottesdienst immer gesungen in Zeiten des Lebens und Sterbens. Ihr Schwiegersohn war freudig überrascht. Die Tochter gesellte sich dazu. Gemeinsam singen wir noch zwei Lieder. Von der Krankenkommunion kann sie nur ein ganz kleines Stückchen nehmen, den Rest nehmen die Tochter und der Schwiegersohn. Ich berühre ihre Hand und sie schließt ihre Augen. Sie ist wieder nach innen eingekehrt. Die Melodien haben sie herausgeholt in unsere Welt, wo sie ansonsten gar nicht mehr daheim war. Nicht lange später ist sie verstorben. Die Erinnerung an diese Begegnung und die lösende, weckende Kraft der Musik gehen seitdem mit mir ermutigend mit. Gerade beim Gehen sind Lieder und Melodien meine Begleiter. Außer es geht bergauf, da genügt der Atem. Aber der ist auch eine sehr persönliche Melodie entlang von Einatmen und Ausatmen.

Bestimmte soziale Milieus oder Berufsstände haben ihre je eigene Musik entwickelt und gepflegt. Sie war und ist damit der verbindende Ausdruck der Zusammengehörigkeit. Denken wir an die vielen Bergknappen-Musikkapellen oder die Jazz-Formationen, die ich beispielsweise selbst einen Monat lang in New Orleans live erleben durfte. Arbeiterchöre sind oder waren der musikalische Ausdruck von Firmen. Es gibt im Grunde keine gute Liturgie – ich spreche nicht von Hochliturgie – ohne Musik. Das Sprechen geht in den Kopf, Musik erfasst die Seele und der Tanz den ganzen Körper. Kirchenchöre, Jugendchöre oder kleine Ensembles finden sich in fast allen Pfarren oder Klöstern. Wer singt, betet doppelt. Es tut oft weh, mit wie wenig musikalischem Gespür und auch Können liturgische Feiern „abgehen". Dabei ist das Musizieren eines der Handwerke Gottes. Selbst ganz draußen in der Krippe kommen die Hirten mit Flöten und Gesang zum Kind Jesus, wo andere Gold, Weihrauch und Myrrhe bringen. Sei der Mensch noch so arm, Musik hebt ihn heraus, empor, himmelt ihn gemeinsam. Wir wissen heute sehr gut, wie tief die Musik Gefühle und Emotionen anrührt. Die Filmmusik ist ein gutes Beispiel darin, wie sie die Handlung offen oder verborgen einfärbt. Wird die Musik langsamer, werden wir schwerer und trauriger gestimmt. Wird dasselbe Musikstück schneller, empfinden wir Leichtigkeit und Fröhlichkeit. Im kirchlichen Kontext würde ich die These wagen, dass sich derzeit im deutschen Sprachraum alles irgendwie verlangsamt hat, schwerer und damit trauriger geworden ist. Der Glaube wird nicht als erhebend erlebt, als Vergnügen, sondern vielfach als Last. Wer denkt bei kirchlichen Feiern an Tanz, an Bewegung, an fröhliche Ausgelassenheit angesichts der Freude über die Auferstehung? Hier zeigt sich die Schwere der Kirche Europas, die keine Anziehungskraft entfalten kann, weil sie im Kopf stecken bleibt. Gerade auch in der wortlastigen Liturgie. Ein wesentlicher Grund liegt darin, dass Bischöfe heute ganze Diözesen als „Selbsterhaltungsorganisationen" führen. Deshalb ist der Stillstand so verbreitet.

Ich durfte doch vielen Bischöfen ins Gesicht schauen und musste feststellen: Es schauen mich Gesichter und Augen an, die tonnenschwer belastet sind. Probleme und Überforderung schreien aus ihren Gesichtern. Manchmal habe ich den Verdacht, dass sie sich als Opfer recht gut eingerichtet haben. Und Opfer stimmen keine Lieder an. Außer im gesicherten Rahmen der Liturgie. Das „Belebensmittel“ gute lebendige Musik wird unterschätzt.

Meine guten sieben Jahre als Mediensprecher und Kommunikationsleiter der Ordensgemeinschaften Österreich haben mich sehr nahe an das vielfältige und sehr unterschiedliche Ordensleben geführt. Der Wert der Musik im klösterlichen Umfeld soll und kann uns hier weiterhelfen und einiges erzählen. Vor etwa zwei Jahren war ich auf Recherche-Reise in das Prämonstratenserstift Wilten in Innsbruck, österreichweit bekannt für gute und ausgeprägte Kirchenmusik. Norbert Matsch ist seit 2005 Stiftskapellmeister und einer von drei Musikern, die dem Stift ein besonderes musikalisches Gepräge und Gesicht geben. „Das ist kein Konzertprogramm, das Sie in den Händen haben. Alles, was Sie in diesem Programm über Musik lesen, dient einem einzigen Zweck – der Feier der Liturgie zur Ehre Gottes und zur Erbauung der Gläubigen.“ Ich blättere im aktuellen und umfangreichen Programmfolder. Hier wird mit Musik Gott verehrt und durch Musik der Mensch aufgebaut. Verehren und aufbauen. Bei mir bestätigt sich der Eindruck, dass das mit Musik am besten geht. Abt Raimund Schreier hat erkannt, was Musik ermöglicht. Er sieht sein Stift für die Region in einer Vorbildfunktion. Prämonstratenser haben einen feiernden Zugang zur Welt in der Liturgie. Deshalb werden täglich – wirklich täglich – Laudes, Messe und abends die Vesper musikalisch mit Orgelbegleitung gestaltet. Die Mittagshore wird gesungen. Kirchenmusik ist hier Alltag, das Singen Grundnahrungsmittel. Ein gesungenes Leben. Hier treffe ich auf die Einstellung, dass das Bestmögliche am jeweiligen Ort das Wertvollste ist. „Musik ist nicht Verzierung, sondern Substanz." Mit der Stiftskirche und der unmittelbar anschließenden Basilika haben die „Wiltener", wie die Prämonstratenser in Innsbruck landläufig genannt werden, zwei wunderschöne Klangräume. Jeder Schispringer, der die oberhalb liegende Bergiselschanze herunterspringt, hat diese Gebäude zusammen mit dem Friedhof vor Augen. In meiner Studienzeit sind wir abends oft auf den Schanzenturm geklettert (was heute nicht mehr möglich ist) und haben diesen Anblick in der Abendsonne genossen. Es war einfach nur zum Staunen und Freuen.

Der Stiftskapellmeister Matsch sieht die Liturgie als seine Aufgabe. Musik per se ist für ihn Gottesdienst. Er erzählt von einem vielgereisten, hervorragenden Musiker, der schon sehr oft Monteverdis Marienvesper aufgeführt hat. Anders in Wilten. „Bei uns hat er sie erstmals nicht konzertant aufgeführt, sondern musikalisch an der Marienvesper mitgewirkt im Rahmen der Liturgie." Er war ganz berührt, weil er das in der Form noch nie erlebt hatte, die Marienvesper als Vesper, als gesungenes Gebet. Genau diese Erlebnisse bestärken Matsch, nicht nur Konzerte zu veranstalten, sondern Musik, Glaube, Kirche und Liturgie untrennbar miteinander zu verknüpfen. So liegt es ohnehin in jedem Musikstück drinnen.

Matsch bedauert, dass die Kirche und die Pfarren nur mehr an großen Festen wirklich musikalisch feiern. Dabei ist es der Alltag, der genährt wird durch die Musik. Glaubwürdig ist deshalb Festmusik für ihn nur dann, wenn sie auch Tag für Tag gelebt wird. Und genau dieser musizierende Gang durch den Alltag macht attraktiv. „Wenn Alltag und Festtag auseinanderfallen, sinkt die Authentizität und die Attraktivität."

„Öffnet die Fenster", hat der Pfarrer der Don-Bosco-Pfarre im Linzer Franckviertel den Leuten nachgerufen, die gerade auf dem Weg zur Musikprobe der Musikkapelle waren. Jeden Freitag benutzt die Musikkapelle die Pfarrräumlichkeiten als Probenlokal. Das Franckviertel in Linz hat es im städtischen Vergleich nicht leicht. Dort sind nicht die Reichen daheim, sondern eher die anderen. P. Karl Bleibtreu war ein quirliger, aufbauender und immer lächelnder Seelsorger. Es war ihm wichtig, dass die Menschen ihren Wert spüren und erleben. Das richtet auf. Die Musik war ein besonderes Mittel dazu. Normalerweise hießt es bei Probelokalen: Schließt die Fenster! P. Bleibtreu hat mir gegenüber, als ich als Stadtpilger zu Fuß durch alle 28 Linzer Pfarren zehn Tage lang unterwegs war, seine Sichtweise erläutert: „Ich verstehe nicht, warum die Musik und die musizierenden Menschen eingesperrt werden sollen. Wenn Musik erklingt, dann ist das doch keine Belästigung, sondern der Ausdruck von Lebendigkeit. Die rund um das Pfarrzentrum sich aufhaltenden und lebenden Menschen sollen mitbekommen, dass hier musiziert wird. Es ist wichtig, dass Menschen hören, wie sich andere Menschen an der Musik plagen, immer wieder üben und daran feilen. Genau das ist das Leben. Das Konzert der besondere Höhepunkt. Aber das Leben ist nicht nur Konzert. Darum: Öffnet die Fenster, wenn ihr musiziert.“ Das rate ich übrigens seit dieser Zeit auch.

Natürlich schmerzt es, wenn heute Menschen im Anflug eines weit verbreitenten Egomanismus bis hin zum Narzissmus alles bekämpfen, was sie in ihrer Ruhe stört. Anstatt sich zu freuen, dass Menschen „Musik machen“, entwickeln sie eine Aggression gegen dieses Geschehen. Da bin ich unseren Nachbarn heute noch dankbar für ihre „Weitherzigkeit“ gegenüber unseren Jugendlichen im Garten, wenn diese im Garten musiziert haben. Wahrscheinlich hat es ihnen auch gefallen, was die jungen Leute da am Lagerfeuer gesungen haben. Liederquelle hinauf und hinunter. Manche kennen das weitverbreitete Liederbuch. Wir mussten genauso mithören. Manchmal sind wir dabeigesessen und durften mitmachen. Das habe ich immer als Privileg gesehen. Zurück von unserem Garten im Bergdorf über Linz in das dortige Franckviertel. Natürlich gibt es die großen Verstärkeranlagen am Fensterbrett von Menschen, die mit ihrer technischen Musik andere beschallen, um Aufmerksamkeit und vielleicht Anerkennung zu erheischen. P. Bleibtreu konnte auch davon ein Lied singen. So wie er plädiere ich für eine neugierige und keine sofort abwehrende Reaktion. „Was war das gestern für eine Musik, die ihr da gehört habt?“ Mit einer solchen interessierten Frage zaubert sich fast immer ein Lächeln ins Gesicht der jungen Menschen. Vorausgesetzt, die Frage ist ehrlich und ernst gemeint. P. Bleibtreu habe ich damals gefragt, ob die geöffneten Fenster nicht öfter zu Beschwerden führen. Er kannte die Bevölkerung rund um das Pfarrzentrum im Detail. „Ja, manchmal schon. Es sind dann immer dieselben Leute, die etwas sagen oder anrufen. Meine Antwort ist immer: Schließen Sie einfach Ihre Fenster." Wer nur für sich und bei sich selbst leben will, tut gut daran, die Fenster geschlossen zu halten. Wer Wohnung und Auto mental nicht verlässt, hat den öffentlichen Raum nicht verstanden. Das ist nicht die Summe der Egoismen in der Form des kleinsten gemeinsamen Nenners, sondern der Ausdruck der größten gemeinsamen Vielfalt. Wenn diese auch noch in vielfältiger Musik ihren Ausdruck findet, haben Empathie und Toleranz ein leichtes Spiel.

Genau deshalb ist es für eine lebendige Gruppe, eine Pfarre, eine Community, einen Verein oder ein soziales Lebewesen, selbst für ein Dorf oder einen Stadtteil wichtig und hilfreich, wenn vielfältig musiziert wird. Es geht dabei nicht um Perfektheit, sondern um die Öffnung eines Klangraumes, eines musikalischen Resonanzraumes, der ein Zusammenschwingen ermöglicht. Die Fähigkeit für ein solches Zusammenschwingen kommt uns in einer zum Teil egomanischen Zeit gerade abhanden. Wenn wir mit unseren 25-köpfigen Weltanschauen-Gruppen auf den verschiedenen Wegen und Pilgerwegen in Europa unterwegs sind, ist es immer ein besonderer Moment, wenn das erste Lied auftaucht und gemeinsam gesungen wird. Als Guide bin ich immer hellhörig, wann der Moment ist, ein Lied „anzusummen", anzustimmen. Dort zeigen sich die tiefen inneren Verbindungen der Menschen untereinander, auch wenn man sich persönlich vorher noch nie gesehen hat. Einen besonderen Versuch in diese Richtung habe ich bei meinem Bildervortrag über die Erfahrungen und Erlebnisse „Am Benediktweg contrario nach Assisi“ im Herbst 2019 im Medienhaus der Oberösterreichischen Nachrichten unternommen. Mehr als 100 Frauen und Männer sind meinen Ausführungen über eine Stunde aufmerksam gefolgt. Bei vielen hatte ich den Eindruck, sie haben richtig gelauscht und ihr Kopfkino war spannend. Gegen Ende habe ich nochmals hineingespürt in die Besuchergesichter und schließlich den Mut gefasst: „Ich schlage euch vor, dass wir als gemeinsamen Abschluss den Andachtsjodler singen und summen.“ Es war Vorweihnachtszeit, die Leute haben sich untereinander nicht gekannt und es hat wunderbar funktioniert. Ein gemeinsamer Klangraum hat sich aufgetan. Meine Spannung als Vortragender hat ein wohliges Netz gefunden und ist abgefallen. Nachdem der letzte Ton verstummt war, hat von hinten ein Besucher nach vorne gerufen: „Der erste spontane Pilgerchor in Österreich.“ Mag sein. Es ist nicht einfach, den Mut für den ersten Ton zu fassen und das Vertrauen zu entwickeln, dass die Menschen eigentlich gerne ihre Stimme erheben. Bei allen Ohrstöpseln und Musik-Maschinerien kein leichtes Unterfangen. Deshalb immer meine Ermutigung: „Mit deiner Stimme will die Welt erklingen. Wenn möglich, gemeinsam.“

Wenn ich jetzt noch mein Gehen am Lechweg in Tirol und Vorarlberg 2019 über 125 Kilometer etwas ausführlicher hereinhole, dann hat das mit der Kraft der Musik zu tun. Der Lechfluss im Lechtal ist einer der ganz wenigen frei fließenden Wild- und Gebirgsflüsse in Europa. Das ist ein kleines Wunder. Natürlich haben in den 60er-, 70er- bis hinein in die 80er-Jahre die Stromproduzenten die Gigawatt an elektrischer Energie hinunterfließen sehen. Bis dahin haben sich die Menschen des Tals nur gewehrt gegen das Hochwasser mit Dämmen oder Querbauten. Die Stromfreaks wollten Staumauern errichten, das Wasser einfangen und durch Turbinen ins Tal jagen. Der damalige massive Widerstand aller Umweltorganisationen und weiter Teile der Bevölkerung war heftig und ausdauernd. „Do muas da Bluatschink her", hat der Liedermacher und Sänger Toni Knittel gegen die „Strom- und Gigawatt-Technokraten" hunderte Male von der Bühne angesungen. Zwei Mal habe ich ihn damals zu Konzerten ins Bergdorf eingeladen. Der Bluatschink ist ein Geist, ein Ungeheuer, das im Lech lebt und sich seines natürlichen Lebensraumes erwehrt. Toni ist Lechtaler. Mit seiner Frau Margit habe ich ihn, der mir vor mehr als 20 Jahren vom Lechtal vorgeschwärmt hat, in Holzgau bei ihrem Kinderkonzert auf meinem Lechweg getroffen. Er hat mit seiner Musik und seinen Liedern einen großen Anteil am Erhalt des Lech als natürlich fließendem Gebirgsfluss. Der Widerstand, den er mit seiner Musik ausgedrückt hat, hat sich ausgezahlt. Jetzt stürzt, fließt, sucht, mäandert, steht das Wasser, ist aber nie angestaut. Der Weg ist eine einzige wunderbare Meditation mit dem aufkeimenden und heilsamen Gedanken: Es wird im Gehen und am fließenden Wasser geheilt. Bei vielen Schritten gehen die Melodien seiner Lieder mit. So zeigt gerade dieses Beispiel, wie Musik im Widerstand gegen Technokraten schließlich der Natur zu ihrem Recht verhilft, damit die Naturmelodien nicht verstummen. 2014 habe ich ein Videoprojekt mit dem Leitthema „viel mehr wesentlich weniger" gemacht. Wir sind damals zu Toni Knittel nach Bach am Lech gefahren. Auf der Holzgauer Hängebrücke haben wir damals besprochen, was es weniger und was es mehr braucht, was wesentlich ist und wo das Weniger helfen könnte. Er hat damals erzählt, wie wichtig ihm die regionale Musik ist, auf der sein Schaffen fußt. Inspiriert aus der Internationalität seiner Auftritte hat er dem Lokalen mit seiner Musik helfen können. Er selbst und seine Musik sind mit Humor gespickt. Wer jemals an einem seiner phänomenalen Kinderkonzerte teilgenommen hat, weiß, wovon ich hier schwärme. Er versteht es, Kinder und Erwachsene in seine Musik hineinzunehmen, ganz tief und ernst und dann wieder leicht und locker. Zum Lachen. Bei ihm habe ich das Gefühl, dass seine Mitmachmusik alle Dimensionen des Lebens ausleuchtet, bis hinaus zu den Menschen an den Rändern. Musik kennt darin keine Grenzen. Musik lässt diese Grenzen schwinden, löst sie auf oder lässt sie zumindest überspringen.

Wir wissen viel über die Wirkung von Musik. Bücher haben das aufgearbeitet. Musik kann uns zum Weinen bringen. Sie kann uns beim Sport zu Höchstleistungen treiben. Sie beruhigt uns, macht uns glücklich oder ängstlich. Nie lässt uns Musik kalt. Deshalb halten wir fest: Musik wirkt.

Bühne und die Rollen

„Heuer sind wieder alle voll bei der Sache." Der Grüne Anker ist die Jugendkirche in der Stadt Linz. Unsere ältere Tochter Teresa kommt vom Probenwochenende und ist irgendwie happy. Sie ist im Grünen Anker neben anderen Tätigkeiten in der Diözese Linz seit Jahren als Jugendleiterin tätig. Als Theologin und Mozarteum-Absolventin ist es ihr wichtig, dass es jedes Jahr heißt: Bühne frei. Unter der Anleitung einer erfahrenen Regisseurin bringen die Jugendlichen ein stark persönlich gefärbtes Stück auf die Bühne. 2019 war das Stück *Die furchtbar hartnäckigen Gapper von Frip* von George Saunders am Plan. Da wird umgeschrieben, neu getextet und auch musiziert. In diesem Fall geht es um brandaktuelle Themen wie Hilfsbereitschaft und Solidarität. Als Gesamtleiterin beschreibt Teresa das Stück so: „Skurrile Charaktere und komische Dialoge erzählen von selbstgefälligen Erwachsenen, fadenscheiniger Moral und unterlassener Nachbarschaftshilfe. Und von einem Mädchen, das mutig neue Wege geht." Menschliche Schwächen wie Egoismus, Bigotterie und Selbstgefälligkeit werden auf durchaus amüsante Weise dargestellt. Ich selbst habe das Stück natürlich angeschaut. Schließlich will ich mich über das wunderbare Schaffen der eigenen Kinder freuen. Mir bleibt als Zuschauer dort und da das Lachen im Hals stecken. Selbsterkenntnis ist angesagt, obwohl es um den selbstgefälligen Nachbarn geht. Die Regisseurin Elisabeth Kreil sieht einen besonderen Reiz im Jugendtheater: „Ausgehend von der Person, die den Charakter verkörpert, wird eine Bühnenfigur entwickelt, von der die Jugendlichen zuvor nicht wussten, dass sie in ihnen steckt. Dieser Prozess des gemeinsamen Arbeitens und Entdeckens ist es, was Jugendtheater für mich so spannend macht." Die Jugendlichen kommen selbst zur Selbsterkenntnis. Gegenüber dem Stück war am Anfang Skepsis da, weil es nach einem Kinderstück aussah. Dann der Mut, ganz reinzugehen. Frip, das sind wir. Und genau diese Perspektive hat die wesentlichen Fragen eröffnet: „Wie gehen wir um mit den Schattenseiten des Lebens? Wie gehen wir um mit dem Unglück des Nachbarn oder der Nächsten? Wie gestalten wir das Zusammenleben?“ Die Grundbotschaft des Stückes lautet: Füreinander da sein, Schwächere mitnehmen. Und genau das trifft auch die Vorbereitungszeit, die Proben, das Aufbauen, die gesamten Arbeiten für diese Theaterproduktion. Jede und jeder soll mitmachen können mit den Möglichkeiten, die er oder sie mitbringt. Deshalb ist es umso wichtiger, dass alle voll dabei sind. Das volle Wollen wächst und trägt die Produktion bis hin zum Schlussapplaus der letzten Vorstellung. Dann ist Durchatmen angesagt. Einfach loslassen. Aber es dauert nicht lange, bis jemand fragt: Was spielen wir nächstes Jahr? Auch wenn es teilweise wieder ganz andere Jugendliche sind, so schwingt die Sehnsucht nach Bühne durch die Köpfe und Herzen der jungen Menschen im und um den Grünen Anker. Auf ihrer Website lassen sie schon anklingen, was im Gange ist: „Mit einem Ensemble von über 20 Jugendlichen startet das Theater im Grünen Anker in eine neue Theaterproduktion. Nach erstem Kennenlernen, Spielen und Ausprobieren wurde das ausgewählte Stück gemeinsam gelesen: *Ein Sommernachtstraum* von William Shakespeare. Die Vorfreude auf die ersten Szenenproben ist groß!“

In meiner Volksschulzeit Mitte der 60er-Jahre war unsere einzige Möglichkeit für Bühnenerfahrung die tägliche und die sonntägliche Liturgie, die Messfeier. Als Volksschüler war ich Ministrant. Das war eine besondere Ehre. Wir sind deshalb eine Stunde früher daheim aufgebrochen, um den Schulweg von über drei Kilometer und nur bergauf in die Kirche zur Messe zu schaffen. Im Winter war es stockdunkel, und heute noch spüre ich die Angst, wenn ich das Waldstück mit meinen Enkelkindern zu meinem Elternhaus hinuntergehe. Mein um zwei Jahre älterer Bruder Josef und ich waren immer gemeinsam eingeteilt. In der vierten Klasse musste ich alleine gehen. Etwas außer Atem habe ich die Sakristei betreten. Manchmal waren die Schuhe nass, die Jacke ebenso. Das Ministrantengewand haben wir im Winter drüber angezogen. Wir haben einander geholfen. Wenn ich alleine war, weil es andere nicht geschafft haben oder krank waren, dann hat der Mesner mit ernster Miene auch uns Ministranten geholfen. Des Pfarrers Blick war tief ernst, aber nicht fürchterlich. „Procedamus" hat es dann geheißen. Ab jetzt war alles Latein. Nur die Lesungen waren auf Deutsch. Um die wunderbaren biblischen Geschichten zu hören, war ich meist zu müde. Es war aber die Zeit des Übergangs von Latein in die jeweilige Muttersprache. Unser damaliger Diözesanbischof Franiskus Salesius Zauner war beim Zweiten Vatikanischen Konzil ein Konzilsvater für den Bereich Liturgie. Die Diözese Linz war schon zur damaligen Zeit der Zeit voraus. Dort und da haben Priester schon in Muttersprache und an Volksaltären zelebriert. Bei uns im Bergdorf war Latein die Liturgiesprache, bis die Vorschrift kam, dass das auf Muttersprache umgestellt wird. Erst dann hat der Pfarrer den Wechsel vollzogen. So habe ich als junger Bub in der Volksschule schon Latein „gekonnt". Also: Ich konnte den lateinischen Text aufsagen und die verneigenden Kopfbewegungen dazu machen. Verstanden habe ich nichts. Es war ein Theater. Ich hatte eine bedeutende Rolle neben dem Hauptdarsteller. Das Drehbuch war jedes Mal genau gleich. Nur die geprägten Zeiten wie

Advent oder Fastenzeit haben kleine Abweichungen gekannt. Natürlich hatten Fronleichnam oder Bittprozessionen wieder ganz andere aufwendige Drehbücher. Da gab es unzählige Proben und ein Nachgehen nach den Älteren. So sind wir in eine Rolle hineingewachsen. Soweit ich mich noch erinnern kann, habe ich meine Rolle gut gespielt. Das Herausgehobensein und in einem größeren Stück zu dienen war irgendwie cool und mit Sozialprestige versehen. Es gab in Österreich vor etwa fünfzehn Jahren eine Zusammenstellung von Politikern aller Couleur, die in ihrer Kindheit Ministranten waren. Die Spitzenvertreter in der Bundes- und Landespolitik hatten zu 80 % „Bühnenerfahrung als Altarraumerfahrung", wie es der sozialistische Altkanzler Alfred Gusenbauer genannt hat. Mädchen durften diese Erfahrung leider nicht machen und hatten auch keine äquivalente Möglichkeit, in der Öffentlichkeit eine tragende Rolle auszufüllen. Der Altarraum war reine Männersache. Das liturgische Schauspiel war männlich. Da war schon viel gewonnen, wenn sich die Frauen beim „Pfarrtheater" voll in Szene gesetzt haben. Das war im Bergdorf so. Frauen haben es sich nicht nehmen lassen, die damalige Pfarrbühne im Fasching oder bei Theaterstücken zu bespielen.

In der Zeit, wo ich für die Pfarre im Bergdorf ehrenamtlich verantwortlich war, haben wir das neue St.-Anna-Pfarrzentrum gebaut. 2008 wurde es feierlich von Bischof Maximilian Aichern eröffnet. Lob und Bewunderung von allen Seiten. Nur die diözesanen Personen waren zurückhaltend, weil wir etwas getan haben, was die „Oberen" nicht so gerne sehen: Wir haben eigenständig alles selbst in die Hand genommen und wir haben kooperiert. In diesem Fall wurde das Pfarrzentrum auch als Spielstätte des Amateurtheater Kirchschlag funktional miterrichtet. Mein Bruder Heribert war damals der Obmann des Vereins, der aus der Pfarre herausgewachsen war. Die Wurzel und die Verbindungen waren mit der Pfarre eng verbunden, ebenso die handelnden Personen. So wurden eine große Bühne und Bühnentechnik eingebaut. Bis heute funktioniert diese Zusammenarbeit auf Basis eines „Kooperationsprotokolls" von nicht einmal einer A4-Seite. Wo der Wille zur Zusammenarbeit, da braucht es nicht viele Paragraphen. Sobald das Abgrenzen – das ist unseres und das ist eures – beginnt, sollten die Verantwortlichen den gemeinsamen Geist beschwören und sich wieder klar werden: Es geht so und so nur gemeinsam. Aber natürlich gibt es heute diese Abgrenzer und Identitätsprofilierer aus dem Differenzierungspotenzial heraus. Es ist und bleibt die gemeinsame Verantwortung, die wachsen lässt und lebendig macht. Auch so mancher Kleriker gehört leider auch zu den Differenzierungskünstlern, weil sie lieber die Frage stellen nach dem, was unterscheidet. Möge in der Pfarre im Bergdorf der gemeinsame Geist stärker bleiben. Es liegt an den heute Verantwortlichen.

Der Mensch ist mit Blick auf die Bühne ambivalent. Auf der einen Seite will er herausgehoben sein. Auf der anderen Seite hat er Angst vor den Blicken und den Scheinwerfern. Die Präsenz einer Bühne in einem Raum legt nahe, dass sie benutzt wird. Ich bleibe in meiner Pfarre im Bergdorf. Sehr bald nachdem ich die Verantwortung zugesprochen bekam, habe ich begonnen, im Rahmen des „Pfarrcafé" nach dem

Gottesdienst einmal im Monat konkrete Menschen aus unserem Bergdorf auf die Bühne zu holen. Es gibt in Österreich eine Radiosendung im ORF, die am Sonntagvormittag läuft und *Frühstück bei mir* heißt. Es ist eine zweistündige Sendung einer Redakteurin mit einem Gast, dazwischen Musik. Inspiriert von dort her habe ich diese monatlichen Zusammentreffen im Pfarrzentrum *Frühstück bei uns* genannt. Mein Ziel war es, ganz konkrete Menschen aus der Pfarre und Gemeinde – nicht von auswärts – auf die Bühne zu holen. In einem etwa 12-minütigen Gespräch haben wir die besondere Lebens facette dieser konkreten Menschen in Interviewform angesprochen, nachgefragt. Der Pfarrsaal war immer übervoll. Die Leute hat das voll interessiert. In über 70 Gesprächen habe ich ganz unterschiedliche Personen auf die Bühne geholt. Da erinnere ich mich noch gerne an die erste Sternsingerin aus der Gründungszeit der Aktion nach dem Krieg. Bei der Tsunami-Katastrophe in Asien war ein Notfallarzt aus Kirchschlag „drüben" und hat gleich einen Tag nach der Rückkehr noch vor den Medien von seinem Einsatz erzählt. Ein den meisten unbekannter 13-Jähriger aus dem Ort wurde Vize-Staatsmeister im Gewichtheben. Bei der im Ort ansässigen Landmaschinenfirma Göweil hat einer seit der ersten Stunde mitgearbeitet und ist mit seinem LKW und den Maschinen fast auf der ganzen Weltkugel unterwegs gewesen. Die Leute haben mich immer wieder gefragt: Wie findest du die Leute Monat für Monat? Meine Erfahrung ist, dass meine Neugierde mich genau zu den Menschen geführt hat, die bereit waren, ihre besondere Lebensfacette zu erzählen. Sport, Musik, Bühne oder Soziales bis hin zu Berufen, Urlaub und Freizeit habe ich „durchgescannt". Das hat bei mir auch eine besondere Aufmerksamkeit erzeugt, für die ich heute noch dankbar bin. Das hat mir übrigens auch in der Arbeit bei den Ordensgemeinschaften geholfen. Wo sind die Ordensfrauen und Ordensmänner in den Werken, die eine bestimmte interessante und ermutigende Lebensfacette leben? Diese Neugierde hat mir viele Lebensgeschichten zugespielt, die ich dann wieder weitererzählen konnte, über die sogar TV-Filme gedreht wurden. Eine Bühne, wenn wir sie von der Grundfunktion betrachten, hat immer den Auftrag: Komm herauf und stell dich vor, spiel eine Rolle und nähre die Zuschauerinnen und Zuschauer. Im Linzer Dom wurde vor Kurzem der Altarraum neu gestaltet, in die Mitte der Vierung verlegt und auf die Ebene der Bänke und der übrigen Domumgebung gesenkt. Zwei Mal habe ich eine Bischofsliturgie mitgefeiert aus den hinteren Reihen. Den Bischof und die Liturgen habe ich nicht zu Gesicht bekommen. Ein guter theologischer Gedanke. Wir sind auf eurer Ebene. Praktisch bedeutet es aber, dass sich die liturgisch Handelnden in der Nivellierung verlieren. Bühne heißt nicht besser dastehen, sondern darstellen. Auch heilige Handlungen sind Bühnenhandlungen, außer sie finden in kleinerem Rahmen statt und sind „einsichtig". Gerade die vielen neuen Liturginnen und Liturgen bei Wortgottesfeiern oder anderen kirchlichen Feiern brauchen ein gutes „Bühnen-Bewusstsein". Liturgie ist nie herstellendes Handeln, sondern immer darstellendes Tun.

Als Medienexperte und Mediensprecher der Diözese Linz und bei den Ordensgemeinschaften Österreich fast zwanzig Jahre lang weiß ich auch viel über die „mediale Bühne" zu erzählen. Medien sind mehr denn je Realität und hadern mit dem Vertrauen, das ihnen immer mehr entzogen wird. Fakt ist, dass jede öffentliche Organisation und die Kirchen die medialen Bühnen bespielen müssen. Haben sie selbst kein Drehbuch und die dazugehörigen Akteure, dann werden sie vom medialen Theater einfach zugeteilt. Im Bereich der Kirchen hat sich hier viel verbessert. Der Aufbau des Medienbüros bei den Ordensgemeinschaften österreichweit war diesem Defizit geschuldet angesichts der medial ausgespielten Missbrauchsfälle. Wir müssen hier etwas tun, war der Tenor, der mich nach Wien gerufen hat. So habe ich mit großer Leidenschaft und unermüdlichem Einsatz entlang der Basics der Kommunikation die Struktur des Medienbüros, die Kontakte hin zu den Medien und die akkordierten Themen herausdestilliert. Ich habe damals zum Generalsekretär P. Erhard Rauch, der dem Vorstand schon Jahre davor eine Medienstelle vorgeschlagen hat, eine Bedingung für meine Zusage abgerungen: „Ich mache diese Aufgabe des Mediensprechers, wenn ich einen Tag lang in einem Workshop mit den wichtigen 7–8 Personen die wesentlichen Fragen der Kommunikation bearbeiten darf.“ Workshoperfahrung auf der österreichweiten Leitungsebene gab es nicht. Er hat zugesagt.

Gleich zu Beginn haben Präsidentin, Vorsitzender, Generalsekretärin und Generalsekretär, Ordensschulverantwortlicher, Kulturverantwortliche und noch zwei wichtige Personen sich mit hoher Energie und Erwartung zum Workshop eingefunden. Die zehn Kernfragen der Kommunikation standen auf zehn Flipchart-Blättern. Wir haben sie zügig der Reihe nach abgearbeitet: 1. Wer sind wir? Wie melden wir uns am Telefon? Hier entstand die neue verbindende Marke „Ordensgemeinschaften Österreich“. 2. Welche Ziele verfolgen wir? Anhand der wesentlichen Stichworte habe ich im Nachlauf die Ziele ausformuliert. 3. Wen wollen wir gezielt ansprechen? Mit der Festlegung auf die fünf Zielgruppen „Ordensleute und Verantwortliche intern“, „Medienschaffende“, „Entscheidungsträger in Politik, Kirche und Zivilgesellschaft“, „Mulitplikatoren in der Kirche wie Religionslehrer oder Pfarrgemeinderäte“ und „Interessierte am Ordensleben, an Ordensberufungen“ wussten wir mit allen Medien, auf wen hin wir sprechen, schreiben, erzählen. 4. Welche Kernaussagen treffen wir? Diese erarbeiteten wir mit den Hilfsfragen: Welche Aussagen passen gut zu uns? Was sollen andere über uns sagen, wenn wir nicht im Raum sind? Das hat einen klaren Fokus ergeben. 5. Was unterscheidet uns? Dafür haben wir wenig Zeit verwendet, weil das Ziel ein Selbststand aus dem Eigenen war und nicht in Abgrenzung. Als Basis-Termini haben wir „Ordenskirche“, „Diözesan- oder Bischofskirche“ und „Sozialkirche“ eingeführt, um für Menschen medial unterscheidbar zu werden. 6. Welchen Nutzen stiften wir oder was haben andere von uns? Das war angesichts der Ordensspitäler, Ordensschulen, Kulturangebote, Sozialwerke, der internationalen Vernetzung und der vielen Felder der Spiritualität ganz leicht zu sagen. 7. Was ist an uns, bei uns medientauglich? Diese Frage hat ein gewisses Erstaunen ausgelöst, bis ich damals „Such-Begriffe“ genannt habe: Personen, Events, Themen, Infrastruktur, Jubiläen. 8. Wer ist das Gesicht nach außen?

Da war bald klar, dass auf die Präsidentin und den Vorsitzenden Arbeit zukommt, dazu in fachlicher Hinsicht die Fachreferenten. 9. Welche Medien wollen wir einsetzen? Damals habe ich „online first" vorgeschlagen und es wurde für gut befunden. Ich unterstelle: Nicht wirklich allen war klar, was das heißt. www.ordensgemeinschaften.at haben wir von Null aus als gemeinsames News- und Recherche-Portal aufgebaut und betrieben. Das hat sich als besonders richtig herausgestellt. Die haptischen Medien wie die neuen ON (Ordensnachrichten) oder verschiedene Broschüren sind dem gefolgt. Jede Presseaussendung war zuerst auf der eigenen Website zu lesen, bevor sie verschickt war. Das hat alles professionalisiert. Propst Maximilian Fürnsinn, der „mein" erster Vorsitzender war, hat mir einmal für den „medialen Quantensprung" gedankt. Balsam auf meine Seele. 10. Wo bekommen wir Unterstützung, Hilfe, Coaching? Es war klar, dass wir uns helfen lassen von einer Agentur und bei den grundsätzlichen Schritten in der Organisationsentwicklung hin zu einem gemeinsamen „Büro der Ordensgemeinschaften". Mit diesen zehn Fragen habe ich übrigens schon zwei österreichischen Diözesen und größeren Organisationseinheiten „auf die medialen Sprünge geholfen". Es ist wichtig, die Basics gemeinsam abzuklären und ein aufeinander abgestimmtes Bild der Kommunikation auf den medialen Bühnen zu haben. Wer ein Gesamtbild hat, bringt ein Theaterstück auf die Bühne. Genau das mögen Menschen. Einzelschreier oder Selbstdarsteller sind wie Sternschnuppen. Großes Aufleuchten, und weg sind sie. Jede Bühne ist eine Chance, das Gemeinsame in einer tiefen Lebendigkeit für andere sichtbar und wahrnehmbar darzustellen. Wer gute Stücke auf der Bühne sieht, wird mitmachen wollen. Wer miserable Routinen auf der Bühne darstellt, leert selbst die Zuschauerränge. Genau das ist die Erfahrung mancher Pfarrgemeinden, wenn ihre Liturgie alt, starr, erlahmt und ohne Feuer gefeiert, nein vollzogen wird. Immer wieder, wenn ich das erlebe, denke ich mir: Das hat sich Jesus nicht verdient.

„Die Bühnen der Kirche sind erstarrt und irgendwie sehr ernst geworden“, meinte eine Besucherin nach meinem Vortrag „Am Benediktweg contrario nach Assisi“. Sie hat sich bedankt für meinen Humor, für meinen lockeren Zugang zu verschiedenen Themen, auch der Kirche. Ich selbst habe eine Jugendliche beim Hinausgehen gefragt, wie es für sie war: „Fand ich sehr interessant. Und die Zeit ist wie im Flug vergangen.“ Ein solches Feedback ehrt und freut mich. Es stimmt: Das Gehen und das Erzählen von meinen verschiedenen Touren macht mir richtig Spaß. Sehr oft habe ich den Vortrag „Mein Weg nach Assisi“ gehalten. Ein gutes Zeichen sehe ich darin, dass mir selbst das nie fad geworden ist. Die Abende bin ich auf meinem Weg mit den Leuten gegangen. Der Grund: Ich habe von meinen Erfahrungen berichtet und nicht objektiv, sachlich. Da sind Gefühle genauso dabei wie das Scheitern. Eigentlich erzähle ich mich selbst, lasse Menschen in mein Leben schauen, lasse sie in ihrem eigenen Kopf mitmachen. „Das war eine gute Mischung aus Ehekurs, Selbstfindungsseminar und Reisetour“, befand ein Besucher aus der ersten Reihe über meinen Vortrag. So stand tags darauf in der Zeitung, wo der Redakteur René Larglstorfer schreibt: „Auf eine sehr persönliche Pilgerreise entlang des italienischen Benedikt- und Franziskusweges entführte der Theologe Ferdinand Kaineder am Mittwoch mehr als 100 Interessierte im Linzer OÖN-Forum. 350 Kilometer von Montecassino ‚contrario' nach Assisi hatte der Mühlviertler im September zusammen mit seiner Frau Gerlinde in 17 Gehtagen zurückgelegt. Etwas verkehrt – also contrario – zu begehen oder zu betrachten, sei nie verkehrt, sagte Kaineder mit einem Schmunzeln. Seine bunte Premieren-Präsentation mit zahlreichen Foto-Impressionen, Begegnungen und Anekdoten stellte der Kirchschlager in den Dienst der guten Sache: 1.110 Euro an freiwilligen Spenden kommen dem OÖN-Christkindl und damit notleidenden Familien in Oberösterreich zugute. ‚Hinter welchem Baum versteckt sich die Markierung? Dieses Ausschauhalten nach dem Weg war unsere tägliche Herausforderung', sagte Kaineder, wobei er sich mit seiner Frau auch so manches Mal verlaufen hätte. ‚Ich bin keiner, der den Weg genau kennt, und oft haben wir nicht gewusst, wo wir über Nacht bleiben.' Aber gerade dadurch hätte das Paar so viele schöne Zufälle erlebt, die einem nur dann begegnen, wenn man nicht von vorne bis hinten alles durchplant. ‚Immer wieder hat sich ein Quartier einfach so ergeben. Es braucht eine gewisse Gelassenheit. Der himmlische Moment ist ja nicht das Bett, sondern die warme Dusche', sagte der 62-Jährige, der das Publikum immer wieder zum Lachen brachte. Auf den Spuren des heiligen Benedikts und Franziskus entlang des Abruzzen-Gebirges, das die ‚Wolken gemolken' hätte, entdeckten die Kaineders pittoreske Dörfer, beeindruckende Klöster und weite Landschaften, ‚die

die Seele nähren'. ‚Wenn man zufällig an einem Torbogen aus dem 6. Jahrhundert vor Christus vorbeikommt, merkt man, wie viel Geschichte diese Gegend hat.'"

Solche Berichte von Zuschauern machen mich demütig, freuen und ermutigen mich allerdings sehr. Die Besucherin mit ihrer kritischen Bemerkung in Richtung Kirche geht mir lange nach. Vielleicht fehlt den kirchlichen Akteuren der Mut zur Fremdsicht auf ihr „Bühnengeschehen", nicht nur in der Liturgie. Manchmal sehe ich die Angsthasen, die nichts von sich selbst preisgeben wollen. Ich durfte einmal bei einem Gespräch mit Tobias Moretti mithören, der sinngemäß gemeint hat, dass er sich ganz in die jeweilige Rolle hineinlegt. Wer das tut, der erreicht Menschen, begeistert Menschen und baut mit an einem lebendigen Milieu.

„Ich gebe dir einen Raum, ich zeige dir den Rahmen und es ist jetzt an dir, ihn zu füllen." Das stimmt genauso für die Bühne, die einen Raum braucht, der Rahmen ist, in dem gespielt werden soll, die befüllt werden kann mit lebendigen Ausdrücken. Meine frühere Kollegin Helga Penz hat diese Dynamik selbst aus meiner Wahrnehmung bei den Kulturgütern der Orden gesehen. Eine barocke Kirche sucht mit den jeweiligen Besucherinnen und Besuchern genauso eine Vermittlungsgeschichte wie eine wunderbare Ordensbibliothek die Bühne sein kann, die brennenden gesellschaftlichen Fragen aufzuwerfen und in den Büchern die Antworten zu vermuten. Es geht aus meiner Sicht nicht einfach um das Anschauen, sondern um ein Mitmachen wie auf einer Bühne. Wer ein Kruzifix mit dem Museumsbesucherblick anschaut, bleibt auf Distanz, das Angeschaute wird auswechselbar. Wer das Kruzifix anschaut wie auf einer Bühne mit dem Geschehen des Kreuzweges und der Hinrichtung Jesu als Frame, wird genau zu diesem Kruzifix eine innere Beziehung aufbauen können.

Um die Jahrtausendwende wurde mein Elternhaus als Bauernhof ein „Gesamtbühnenwerk". Mein Vater war 23 Jahre Bürgermeister des Bergdorfes und zusammen mit meiner Mutter haben sie es gut verstanden, das Gemeinsame, das Gemeinwohl immer an oberster Stelle zu sehen. Die eigenen Möglichkeiten, die ein mittelgroßer Bauernhof mit Stall und Stadl geboten hat, haben sie auf Drängen für einige Theaterproduktionen zur Verfügung gestellt. Der Stadl wurde ausgeräumt, Bühne und Tribünen aufgebaut, das Umfeld adaptiert. Während das selbst geschriebene Musical *The Young* über die Bühne ging, hörte man unter der Spielstätte die Kühe muhen. Der ganze Ort mit unglaublich vielen Jungen war auf den Füßen, insgesamt an die 200 Personen waren aktiv in irgendeiner Form beteiligt. In der Zeit der Proben, des Aufbaus, der etwa zehn Vorstellungen, die immer ausverkauft waren und jeweils ein großes Medienecho hervorgerufen haben, und des Abbaus gab es kein anderes Thema als Theater. Alle Vereine wie die Feuerwehr oder die Musikkapelle waren involviert und haben ihr Können eingebracht. Heute würde man sagen, ein „kollektiver Flow" ging durch das Bergdorf. Und alles ehrenamtlich mit unglaublicher Leidenschaft. Beziehungen wurden geknüpft, Bühnenerfahrung gesammelt, die beispielsweise heute meinem Neffen Stefan Kaineder als Landesrat für Umwelt und Integration zugutekommt. Das Spiel mit den Rollen und dem eigenen Können in den Rollen auf der Bühne gehört wohl zu den spannenden Seiten menschlichen

Lebens. Der ORF-Redakteur Marcus Marschalek in Wien hat mir zu Jahresbeginn 2020 von ganz ähnlichen Erfahrungen mit ihrem *Jedermann* in Rodaun in Wien erzählt. „Es ist unglaublich, welche Dynamiken eine Bühne in das Gemeinwesen bringt", ist er überrascht nach seiner Initiative zum Stück von Hugo von Hoffmannsthal: „Freiwillige haben sich in großer Zahl gemeldet. Die besondere Herausforderung besteht darin, die Verschiedenheiten und Vielfalt an Personen ausgewogen und fruchtbar zu verknüpfen. Die Bühne und das Stück ist dafür der besondere Anker. Es ist allerdings eine wunderschöne Erfahrung zu sehen, wie sich Menschen voll einbringen und unbedingt mitmachen wollen."

Bewegung aktiviert individuelle und soziale Lebewesen

Die Bequemlichkeit ist der Feind der Erkenntnis. „In allen Religionen gibt es die Tradition der Pilgerschaft. Sie ist mit einer gewissen Mühsal verbunden, weil die Bequemlichkeit der Feind der Erkenntnis ist. Von dieser Tradition kann man sich einiges abschauen: Wie die Pilger sollte man möglichst zu Fuß gehen. Im Gehen wird alles verlangsamt, prägt sich viel tiefer ein, man erlebt die Welt mit dem ganzen Körper. Und wie die Pilger sollte man auch auf großes Gepäck und Reiseführer verzichten. Erst dann wird man feststellen, dass einem die Fremde tatsächlich begegnet." Das sagt und schreibt Ilia Trojanow zum Gehen. Bei unserer persönlichen Begegnung in Wien 2018 haben wir über eine neugierige Grundhaltung gesprochen, die uns Fremdes als Bereicherung erleben lässt. Bei den Ordensgemeinschaften haben wir die Grundbotschaft „Fremdes bereichert" in das Jahr 2016 gestellt, zu einer Zeit, wo Fremde, Flüchtlinge und Asylbewerber von populistischen Akteuren als Bedrohung inszeniert wurden. Trojanow hat von einem Mönch eine Abänderung des Hauptgebotes der Christen gehört und als besonders passend mitgenommen: Liebe deinen Nächsten als dich selbst. Nicht wie, sondern als. Der Nächste bin ich selbst. Ich begegne mir im Nächsten selbst. Das spricht gegen die derzeitig ausufernde und erdrückende Selbstoptimierung, der auch eine tiefe Verachtung des Fremden, des Anderen innewohnt.

Obwohl uns digital so viel nahekommt, bleibt es uns fast alles fern und fremd. Das war auch der Grund, warum ich vor Jahren begonnen habe, das sogenannte #Offlinegehen zu veranstalten. Obwohl oder gerade weil ich selbst ein relativ „durchdigitalisierter Mensch" seit der ersten Stunde der Digitalisierung bin, ist in mir und anderen dieses Bedürfnis aufgekommen. Zwölf Frauen und Männer, sind wir am Benediktweg zwischen Spital am Pyhrn und der Abtei Seckau für drei Tage zu Fuß und ganz offline unterwegs gewesen. Am Ende des Triebentales in der Bergerhube wäre ohnehin kein digitales Gerät durchgekommen. Null Empfang. Rucksack, gutes Schuhwerk und kein digitales Gerät. #Offline war das verbindende Stichwort zur bevorstehenden Erfahrung, in die wie hineingegangen sind. Wir wissen heute mehr als vor ein paar Jahren, dass Konzerne das Ziel verfolgen, Nutzer an die digitalen Geräte zu „fesseln". Da schwingen zwei Bedeutungen im Raum. Wir sind gefesselt, fasziniert, gebannt. Wir werden gezwungen, mit sanfter Gewalt, subtil festgehalten. Jede und jeder soll wissen, was mit und in uns passiert, wenn wir auf das Smartphone starren. Das Gehirn ist nur mehr auf das Gerät konzentriert. Die Umgebung wird nach kürzester Zeit komplett abgeschaltet. Das Gerät isoliert uns von der Mitwelt. Das Gehirn füttert sich alleine aus dem Gerät. 60 % der Menschen nehmen eine Minute nach dem Aufwachen das Smartphone in die Hand. Das heißt ganz praktisch, dass zuerst die Timeline durch das Schlafzimmer saust und dann erst die Wirklichkeit. Wir müssen zur Kenntnis nehmen, dass die nächsten fünf Jahre weiterhin voll im Hype der Technologie bleiben. Aber offline kommt. In den ersten Schulen werden die Geräte am Eingang weggelegt. Wir wissen auch, dass wir deutlich weniger Bildschirme haben werden. Durch das ständige Fokussieren auf Bildschirme verkümmert unser Gehirn. Fast möchte man meinen, wir bewegen uns im Retourgang in der langen Entwicklung des Menschen. Nach dem Offline-Gehen am Benediktweg hat Klaus Kapeller geschrieben: „Drei Tage reduziert auf das Eigentliche: Das Sein. Was ist das – das Sein? Ein Augenblick. Ein Moment. Ein Schritt. Ein Weg. Den Körper spüren. Sich selbst durch den Körper spüren. Alles ist so einzigartig und einmalig. Ich bin wieder näher bei mir.“ Persönlich spüre ich, dass es uns guttun wird, wenn wir als Familien, als Gruppe oder Organisation wieder mehr gemeinsame Offline-Flächen vereinbaren. Da hat sich nämlich einiges an Maßlosigkeit eingeschlichen, an Unhöflichkeit Platz genommen und ist aus der Balance gesprungen. Die Vermessung der Welt hat allerdings auch in der Bewegung Einzug gehalten. Was als gesundheitliche Unterstützung gedacht war, ist heute für viele zum Dogma geworden. Der Blick auf die Gesundheits-App hat jegliches Eigengefühl für den Körper eliminiert. Alles wird nach Zahlen und Kurven wahrgenommen. Die lineare Eigensichtweise entlang von messbaren Größen lässt aufatmen, bedrängt die anderen oder gibt dem Leben einen „Meisterschaftscharakter“ durch alle Dimensionen durch. Fairerweise muss man allerdings sagen, es ist besser, die Menschen bewegen sich „vermessen“ als überhaupt nicht. Wenn sie dem Gerät die Autorität übertragen, 12.000 Schritte am Tag vorzuschreiben, dann sollen sie es tun. Extrinsische Fremdbestimmung vor intrinsischer Selbstwahrnehmung. In jedem Fall gilt: Bewegung lässt Gemeinschaft wachsen, kräftigt sie und macht sie spürbar lebendig. Sport sollte gerade in kirchlichen Milieus nicht vernachlässigt werden. Dafür gibt es viele Möglichkeiten, auch in Kooperation mit örtlichen Sportvereinen. Natürlich denken viele an Wallfahrten, Pilgereien oder das Gehen. Und das ist genau richtig so.

Gerade meine Erfahrungen von den verschiedenen „Weitgeh-Strecken“ sind immer auf drei Ebenen eine Belebung: körperlich, mental und spirituell. Rumänien hat mir im Modus des Gehens schon viel gezeigt und mich vieles gelehrt. „Einfach Pilgern in Siebenbürgen“ war 2017 zusammen mit 27 Teilnehmerinnen und Teilnehmern angesagt. Ein Teilnehmer hat nach der Rückkehr geschrieben: „Nochmals herzlichen Dank für Organisation und Führung, aber so ganz weiß ich noch nicht, wie ich das alles in meinem Inneren einsortieren werde.“ Das zeugt von tiefgreifenden Erfahrungen auf den 150 Kilometern am Marienweg von Târgu Mureș nach Schomlenberg (Csíksomlyó), das „Mariazell der Ungarn in Rumänien“. Über 200.000 Ungarinnen und Ungarn finden sich dort am

Pfingstsamstag zur großen Feier ein. Was hat den Teilnehmer in dieser gemeinsamen Bewegung überrascht?

Da ist einmal die Erfahrung der Kraft der Gruppe. Am letzten Tag sind fünf Leute vom Team des Marienweges mitgepilgert. Sie wollten einfach sehen, wie die größte internationale Pilgergruppe unterwegs ist, die noch dazu ihre Rucksäcke selbst trägt. Für mich selbstverständlich. Wie geht sonst das Weniger, wenn ich meinen Rucksack ohnehin dem Shuttle-Dienst übergeben könnte? Ihre erste Frage in kleiner Runde an mich war: „Wann habt ihr die Lieder geprobt?" „Gar nicht, sie waren einfach da." Ich betone, dass ich es als besonderes Geschenk betrachte, wenn in einer aus ganz Österreich und Deutschland frei zusammengewürfelten Gruppe von Beginn an mehrstimmige Lieder da sind. So wie das Singen hat uns das Gehen, haben uns die Gespräche, das Zusammenstehen und die Impulse zusammengeführt und zusammengehalten. „Ich habe gehofft, dass ich es schaffe. Und jetzt stehe ich da." Das Essen schmeckt besser in der Gruppe und das Gehen wird leichter.

Dann ist da weiter die Einfachheit. Ich selbst habe mir in einer Einsiedelei, in der es im Haus kein Wasser gab, den Luxus gegönnt und bin mit der Zahnbürste in aller Frühe zum 200 Meter entfernten Brunnen gegangen. Das einzige Wasser weit und breit. Da spürte ich, wie wesentlich diese Einfachheit wird. Vieles wurde uns am Weg wertvoll, weil es so einfach und doch – wie beim Essen – so gut war. Einfache Matratzen, der Kübel als Dusche, ein kleiner Mini-Mix-Laden in einem Dorf wurde uns zum „Stadtcafé". Du lernst den Kaffee besonders schätzen, weil er unvermutet da ist. Ein

Mann kommt mit seinem Pferdefuhrwerk vorbei, sein etwa zehnjähriger Sohn mit dabei, geht ins Geschäft, kauft sich fünf Eis und zwei Bier, gibt alles in ein Sackerl und sie fahren weg. Es war Sonntag. Das war der Sonntag in der Familie. Für die Kinder ein Eis und die Eltern ein Bier. Das Wenige hat seine besondere Wertigkeit. Genau in diese Richtung gibt es noch viele Beispiele, die wir gesehen, erlebt, bewundert, bestaunt haben.

Bei unserem Gehen durch die Dörfer haben wir die subsistente Selbstversorgung wunderbar studieren und bestaunen können. Jedes Haus hatte alles, was es zum Leben brauchte, rund um das Haus. Gärten, Wiesen, Felder und die entsprechenden Tiere. Alles da. Wenn die als korrupt bekannte Regierung nicht alles an den Westen verkauft hätte, dann könnten wir hier jenes ökologische Wirtschaften der Zukunft sehen, das Papst Franziskus in *Laudato Si'* angedeutet hat. Alle können hier überleben, auch wenn der Supermarkt geschlossen hat. Tagelang sehen wir Subsistenzwirtschaft, die vom Westen aus als ärmlich angesehen wird. Auch das Klischee, Rumänien sei gefährlich, haben wir keine Sekunde gespürt. Uns begleitete das genaue Gegenteil. Unglaublich freundliche und hilfsbereite Menschen am Weg. Einmal haben wir das anders erlebt. Wir sind in ein Roma-Dorf gekommen. Am Ortseingang richtige Schlösser, die sich Roma-Anführer hier errichtet haben. Am Ortsende Elend, das sich uns dargeboten hat, Bettlerinnen und Bettler, wie wir sie von unseren Städten kennen. Sie stammen unter anderem aus solchen Dörfern. Am Ortsausgang Hütten, Verdecke, Planen und Plastikverschläge. Die Schlossbesitzer und die im Elend hausen, alle aus demselben Roma-Stamm. Die Reichsten in unmittelbarster Nachbarschaft zum Elend. In mir ist eine Art von Wut, ein angespanntes Gefühl aufgekommen angesichts dieser massiven Ungleichheit in diesem einen Dorf. Diese Spannung im Dorf hat sich auf uns übertragen. Wir rückten zusammen, ließen unsere Rücksäcke nicht aus den Augen und wurden nachdenklich. In den nachgehenden Gesprächen nach diesem Roma-Dorf stellten wir fest, dass es so etwas genauso in reichen Ländern gibt. Noch dazu wissen wir, dass die Schere zwischen Vermögenden und Prekären immer weiter aufgeht.

Das lange Gehen in der Natur hat der Gruppe die Erfahrung eröffnet, von der besten Therapeutin begleitet zu sein. Die Natur ist die beste und auch billigste Therapeutin. Gerade dieser Marienweg in Rumänien führt durch besonders schöne und ansprechende Natur. Die Seele nimmt diese Bilder nährend auf. Als Erinnerung tragen wir solche Bilder im Kopf und im Herzen beispielsweise durch den Winter. Dass wir Bärenspuren und Bärenlosungen gesehen haben, hat uns nicht überrascht. Dass uns Hunde begleitet und mit uns Mittagsrast gehalten haben, gehört zur Natur der Sache. Nie habe ich Angst gespürt, weil wir Teil dieses Naturganzen inklusive der Schafherden waren, uns so gesehen und benommen haben. Der Priester der Einsiedelei ist über zwei Stunden mit uns mitgegangen. Er wollte uns den Weg zeigen, die schöne Gegend, die ihn doch sehr traurig gestimmt hat. Immer wieder habe ich von ihm leise dahinseufzend gehört: „Es ist fertig. Auch hier ist es fertig." Gemeint hat er zwei Dinge: Durch den Klimawandel trocknen die Bäche und Quellen aus. Seit 12 Jahren rinnt kein Wasser mehr. Die

Familien sind abgesiedelt und die Häuser verfallen. Er war mit wenig Hoffnung gesegnet. Wir haben ihn durch mehrstimmige Lieder ermutigt, mit seinem einfachen Lebensbeispiel genau in dieser Gegend zu bleiben und weiterzuleben. Gemeinsam haben wir Eucharistie gefeiert. Ein glaubwürdiger Hirte. Ein Senfkorn in einer Gegend, wo alle abhauen.

Jeder Tag bekommt einen sogenannten Tagesimpuls. Am Marienweg habe ich sie aus den *Quellen der Kraft* genommen. Das ist jene schon angesprochene Broschüre der Ordensgemeinschaften, die wir als Basis für ein spirituelles Leben gemacht haben. Die sechs Basiselemente eines spirituell geöffneten Lebens sind Atmen, Mehr und Weniger, Dankbarkeit, Liebe, Vertrauen und Gebet. Darauf baut sich auch eine konfessionell geprägte Spiritualität auf. Sechs Tage Gehen, und jeder Tag hat eines der sechs Themen. Immer wieder haben wir erlebt, dass es nicht einfach ist, die Komfortzone ehrlich zu verlassen, auf Gewohntes verzichten zu müssen und dort und da wortlos zu werden. Die Themen wurden immer einfacher, das Reden wandelte sich immer mehr in staunendes Schweigen. Am Ziel angekommen, saßen wir zuerst schweigend in der Kirche, bis sich das mehrstimmige Singen in uns erhob. Zuerst klang es ganz leise, dann wurde der ganze Raum der Basilika erfasst und später schauten andere Besucherinnen und Besucher neugierig, woher die Melodien kamen. Wir waren happy, dass wir es geschafft haben. Alle. Das gemeinsame Gehen schafft eine tiefe Gemeinsamkeit. Es ist ein Zusammenschwingen der einzelnen Individuen in ein größeres Ganzes.

Körperliche Bewegung und Anstrengung ist deshalb so wunderbar, weil vom Körper ausgehend der Geist und die Seele zu schwingen, manchmal sogar zu hüpfen beginnen. Wir kennen die chemischen Botenstoffe wie Dopamin, Endorphine, Serotonin, Kortisol, Noradrenalin und das Kuschelhormon Oxytocin, die den Körper fluten und dieses besondere wohlige Gefühl des Flow vermitteln. Nach einem anstrengenden Aufstieg auf den Mt Brandon in Dingle in Irland mit einer Gruppe von fast 30 Personen über eintausend Höhenmeter sind wir einander um den Hals gefallen. Wir haben gesehen, erlebt, dass diese gemeinsame Bewegung Kraft gibt und die Kraft im Gehen kommt. Es ging nach einer gewissen Zeit nicht um das Tempo, sondern um den Genuss des Aufsteigens. Der Schweiß war der Ausdruck der Ganzheit, dafür, dass alles im Körper gerade mitmacht. Eine Frau hat am Gipfel gemeint: Diese Schweißperlen heilen viel. Da geht es in keiner Minute um Wettkampf oder das Vergleichen. Auf den ersten Metern heißt es für die Einzelnen, den Platz und das Tempo zu finden, sich anzuspornen oder zurückzunehmen. Meine Erfahrung zeigt mir, dass sich ab der zwanzigsten Minute der Flow einstellt. Manchen gelingt es leichter, sich von dieser inneren Welle tragen zu lassen und andere steigen schwerer aus sich heraus. Früher oder später ist bei allen angesichts dieses Aufstieges die Erkenntnis gereift, dass nichts beschleunigt werden kann und muss. Gerade Wettkampf und Beschleunigung spielen in unserer Gesellschaft leider eine zentrale Rolle. Dabei hat die Entwicklung des Menschen ganz eindeutig mit Kooperation und Zusammenhalt begonnen. Das macht es heutigen Menschen oft auch nicht leicht, beispielsweise bei einer Prozession oder Demonstration mitzugehen. Beides lässt sich nicht beschleunigen. Dieses konnektive Gehen hat seine Geschwindigkeit, die aus dem Atem und dem Habitus des Gemeinwesens kommt. Nicht jede Fronleichnams- oder Begräbnisprozession geht gleich schnell. Jedes Dorf hat seine Geschwindigkeit. Und genau dieses Einschwingen in diese kollektive Geschwindigkeit fällt den Ego-Optimierten heute schwer. Da können sie richtiggehend leiden, wenn es nicht nach ihrem Kopf geht.

Seit meinen Jugendjahren habe ich fast jedes Jahr im Sommer eine Bergwoche ausgerufen. In meinem Umfeld der Pfarre, des Sportvereines, des Studierendenmilieus und der Großfamilie, die wir liebevoll Sippe nennen, habe ich das Datum und den jeweiligen Höhenweg bekannt gegeben. Wer mag mitkommen? Wir waren immer eine Gruppe von 10–15 Personen. Manchmal wären wir auch mehr geworden, aber 15 war die Obergrenze. So kommt es, dass ich über die Jahre die vielen alpinen Höhenwege in Österreich vom Karnischen Höhenweg im Süden bis hin zum Venediger und Lasörling Höhenweg in Osttirol, den Stubaier, den Ötztaler oder den Lechtaler Höhenweg im Westen oder den Ötscherweg im Osten aus eigener Anschauung kenne. Bin ich in einem Jahr nicht dazugekommen, was ganz selten war, dann hat mir im Winter etwas gefehlt. So wie der Maus Frederick fehlten mir die alpinen Sonnenstrahlen oder Regen- und Schneeschauer, die Weitblicke von oben und die Erinnerung an die jeweilige Gehgemeinschaft. Die Gruppe hat sich jedes Jahr irgendwie neu zusammengefunden. Dieses einfache „Bergwoche ausrufen“ habe ich vor drei Jahren nach einer markanten Erfahrung am Pitztaler Höhenweg beendet. Normalerweise habe ich etwa vier Wochen vor der Zeit alle Hütten per E-Mail angeschrieben oder angerufen, dass wir in dieser Zeit jene Tour von Hütte zu Hütte gehen. Wenn es funktioniert, dann sind wir an diesem Tag bei euch. Das war keine Reservierung, sondern eine Ankündigung auf den jeweiligen alpinen Hütten. Wir sind alle Mitglieder eines alpinen Vereins wie Naturfreunde oder Alpenverein. Immer kam diese beruhigende Antwort: „Passt. Habt einen guten Weg. Wir freuen uns auf euch.“ Oder so ähnlich. Wie gesagt: Bis wir auf den Pitztaler Bergen in Tirol unterwegs waren. Dort hat eine Hütte eine Anzahlung mit Stornobedingungen verlangt. Das habe ich notgedrungen erstmals gemacht, eine Anzahlung geleistet. Das ging mir im Vorfeld schwer gegen den Strich meines Verständnisses vom Unterwegs-sein in den Bergen von Hütte zu Hütte. Mit dieser Anzahlung entstand ein gewisser Druck, dorthin kommen zu müssen. Die Woche selbst hat für uns fast nur schlechtes Wetter parat gehabt. Unsere Tour hat sich verändert, verlangsamt und früher als geplant sind wir ins Tal abgestiegen. Diese nämliche Hütte hat uns schließlich Storno verrechnet. Das schlechte Wetter war keine Erklärung. So ist mir der vermutete Druck direkt entgegengekommen. Die Hüttenverantwortliche hat mir erklärt, dass diese Anzahlungen deshalb notwendig wurden, weil es Gruppen in Deutschland gibt, die drei Hütten gleichzeitig im Norden, Süden und Westen der Alpen reservieren und dann jene aufsuchen, wo das Wetter am günstigsten ist. Wie dumm muss man eigentlich gestrickt sein, dass einem eine solche unsolidarische Vorgehensweise einfallen kann? Die Antwort auf die Dummheit war aus meiner Sicht aber auch nicht gescheiter. Wir bestrafen jetzt alle mit dem Zwang zur Reservierung, zu Stornozahlungen und führen die digitale Kontrolle der Mitgliedsausweise auf den Hütten ein. Für mich das genaue Gegenteil vom „Learning“ in den Bergen, diametral entgegengestellt. Das Hotelwesen aus dem Tal wurde einfach 2.000 Höhenmeter angehoben. Was aber lehren uns die Berge? Weniger müssen und mehr genießen. Loslassen befreit, einfach da sein, einfacher als sonst da sein, in der Einfachheit sein, frei sein. Das eigene Programm, die eigenen Planungen relativieren, weil es gerade nicht geht. Auf einer Hütte länger sein, weil der Schneesturm die Stopp-Tafel aufgestellt hat. Nicht weiterkommen, umdrehen und es für heute sein lassen. Die Berge lehren uns nicht Komfort, Bequemlichkeit und Sicherheit, sondern Überblick, Anstrengung, Ausdauer, Vorsicht und dort und da ein Kribbeln. Genau das wird irritiert, wenn heute das Hotelwesen auf die Berge hinauftransformiert wird. Die alpinen Vereine selbst haben Hütten renoviert mit einem Komfortfaktor, den es zum Teil im Tal nicht gibt. Damit haben sie die Erwartungen der Leute angetörnt. Sehr gut in Erinnerung ist mir noch eine junge Frau, die erstmals mit uns unterwegs war. Wir kommen auf die Hütte. Ihre erste aufgeregte Frage: Wo ist die Dusche? Hier gibt es kein Wasser auf dieser Hütte auf der Veitschalpe. Sie war irgendwie von den nach Schweiß riechenden Socken. In so einem Fall rate ich immer zur „Luftdusche“. Der Wind und die Sonne in über 2000 Meter Seehöhe machen alles frisch.

Erst am dritten Tag hat sie gecheckt, dass das Leben im Tal, daheim, ein anderes ist als das auf den Bergen. Sie darf Neues lernen und muss nicht weiter in den Ruinen ihrer Gewohnheiten daheim sein. Sie hat die kommenden Tage genossen, mit oder ohne Dusche. Das war nicht mehr das Kriterium für Glück, Freude und Zufriedenheit. Wiewohl ich aus eigener Erfahrung aus dem Weitgehen sage: Eine Dusche nach einem langen Tag am Abend ist der Himmel, ein besonderes Geschenk.

In bester Erinnerung sind mir aus meiner Zeit als Pastoralassistent in der Dompfarre Linz die Fronleichnamstage. Vormittags war Prozessionsbewegung angesagt und nachmittags ausgelassenes Fußballspielen aller Generationen miteinander. Die Prozession mit dem Allerheiligsten rund um den Dom, durch die Gassen an Krankenhäusern und Wohnhäusern vorbei war aus meiner Wahrnehmung langsam, getragen, bedeutend, eindrucksvoll. Eine bunte Mischung des Volkes Gottes ist zur Straßendemonstration aufgebrochen. Jung und Alt. Die Kranken haben von den Fenstern einen hoffnungsvollen Blick heruntergeworfen, die Kinder haben ihre eigenen Spielchen getrieben. Die Musik hat den Schritttakt vorgegeben, die Domglocken den Prozessionsteilnehmerinnen und -teilnehmern das Finale mit vollem Geläut angekündigt. In der Sakristei war bei allen Funktionsträgern und Diensten nur mehr ein Thema: „Um 14 Uhr geht's los." Man spürte: Die gediegene Prozessionsbewegung braucht jetzt die ekstatische Ergänzung des Rangelns auf dem Fußballfeld. Selbst Frauen und Mädchen durften bei uns immer mitspielen. Es durfte keine reine Männermannschaft geben.

Bei allem Zusammenschwingen im Wesentlichen macht es umso mehr Spaß, sich dem Wettkampf auszusetzen. Mannschaften wurden ausgelost, die Getränke an den Spielrand gestellt, Kinderspielzeug ausgepackt, gejubelt und angefeuert. Die Nachmittage haben lange gedauert. Tage darauf haben wir einander erzählt, wie der Muskelkater fast bei jedem und jeder Einzelnen gewütet hat. Es hat gedauert, bis endlich jemand die Sache mit Kontinuität in die Hand genommen hat. Der Platz wurde für regelmäßige wöchentliche Spiele reserviert. Diese Bewegung gehörte zur Pfarre, speziell zur Jungen Gemeinde.

Bei genauem Hinschauen habe ich nie genau feststellen können, ob die sportliche Bewegung oder der gemeinschaftliche Aspekt im Vordergrund stand. Hier ist wahrscheinlich das Wort „oder" auch falsch. Es ging um das „und". Bei den Benediktinern heißt es: ora et labora et lege. Am wichtigsten ist das et, das „und". Dort ist auch der Generalabt der „primus inter pares", also der Erste unter Gleichen. Sehr witzig fand ich den Satz auf einem Plakat geschrieben: Primus ganz großgeschrieben und pares ganz klein. Also doch Primus zuallererst. Der Satz war dann durchgestrichen. Darunter der zweite Versuch, wo pares riesig geschrieben war und primus ganz klein. Irgendwie die Aussage, dass der Erste unter den Schlapfen der Gleichen steht. Mit einer anderen Farbe ist der Satz wieder durchgestrichen. Mit einem grellen Orange steht darunter: Wichtig ist das „inter". Primus inter pares. Es geht um die Beziehung, um das Miteinander-sein. Die Frage danach, wer der Größte sei, wurde auch von Jesus ziemlich schroff ad absurdum geführt. Das lebendige Miteinander, das

„et und inter“ sind wahrscheinlich der Schlüssel für lebendige und begeisterte Gemeinschaften. Unsere mittlere Tochter Veronika hat in Salzburg Sportwissenschaften studiert. Sie unterrichtete nicht nur Sport, sondern beschäftigte sich in einem eigenen Projekt mit der strukturellen Verlebendigung von Sportvereinen in Oberösterreich, im größten Dachverband. Anhand einzelner Sportvereine in einzelnen Gemeinden wurde die Situation analysiert, warum es dort so gut und lebendig funktioniert und woanders nur mehr alte Funktionäre am Werk sind. Bei aller Differenziertheit der Ergebnisse scheint gerade in der Balance zwischen sportlichen Leistungen, Ehrgeiz und Siegen und der gemeinschaftlichen Zusammengehörigkeit und Gemütlichkeit der Schlüssel zu liegen. Gilt nur mehr die sportliche Leistung, verkleinert sich in einem Ort die Gruppe und erreicht wahrscheinlich Siege und Anerkennung. Die unglaubliche Professionalisierung mit dem nötigen Geldbedarf macht sie zur fragilen Elite. Geht es nur um Gemütlichkeit, werden das Niveau und der Anreiz, dabei zu sein um der Sportlichkeit willen, sinken. Die Gefahr der gemütlichen Wirtshaussportler liegt nicht in unendlicher Ferne. Der Mittelweg ist die Kunst, die Balance das Meisterstück. Wenn ich mit unseren Enkelkindern zum Spielplatz komme, dort ein Ball herumfliegt, dann sind sie schon im Laufen. Mitmachen, mitspielen. Es ist die Lust an der Bewegung und die Lust, dieser Bewegung gemeinsam nachzugehen. Zu viele Menschen, auch führende Politiker, sitzen alleine auf den Fitnessgeräten und treiben sich selbst auf den Monitor fixiert die Schweißperlen heraus. Da gefällt mir das Laufen, Schreien und Weinen der Kinder am Spiel-

platz um vieles mehr. Wenn ihr nicht werdet wie die Kinder, hat dieser Jesus aus Nazareth gesagt. Er hat das ganz ernst gemeint. Deshalb nehme ich mir gerne und viel Zeit für die Enkelkinder, damit ich nicht verlerne, wie ich sein soll. Mit Lust und Freude in Bewegung.

Spiri.Walk#Vienna oder Spiri.Walk#Salzburg nennt sich mein Tagesseminar in Zusammenarbeit mit der Pädagogischen Hochschule Linz mit dem kreativen Kopf Christian Kondler in der Fortbildung. Was erwartet die Teilnehmerinnen und Teilnehmer? „Der Ort, wo du stehst, ist heiliger Boden. Wir müssen nicht irgendwo hingehen, sondern genau dort, wo ich bin, kann ich Gott entdecken und lernen, seine Spuren zu lesen. Die franziskanische Spiritualität sagt: Dein Kloster ist die Welt. Beim Spiri. Walk in der City werden wir bekannte spirituelle Orte aufsuchen, uns dafür öffnen und versuchen, neue spirituelle Orte aufzuspüren und zur Sprache zu bringen. Wir lassen uns finden, berühren, inspirieren. Diese Spiritualität gibt dem Leben Tiefe und Weite. Damit werden uns Quellen der Kraft zugänglich." Diese Seminare sind eine Mischung aus gehender Bewegung, schauen und staunen, Gespräche am Weg und einem Inne-werden. Überraschungen finden statt. Es ist die Bewegung, die Annäherung und Entfernung, Perspektive und Wahrnehmung, Emotion und Kopf neu zusammenstellt. Bewegung erfasst immer den ganzen Menschen. Genau deshalb ist er einer der wesentlichen Faktoren für ein gelingendes, lebendiges und begeistertes Gemeinsam. Lass die Kinder laufen und ihr Herz wird weit.

Dem anderen Gutes tun beflügelt gemeinsam

Jede soziale Aktion, sei sie noch so klein, wirkt immer in die jeweiligen Kontexte und benachbarten Terrains hinein. Gesehen und vielleicht noch mehr ungesehen. Das ist das Ermutigende für viele, die sich sozial engagieren. Sie spüren die innerliche Erfüllung. Und es darf ganz klein beginnen, ganz konkret. Um der Menschen willen. Soziale Großorganisationen wie Caritas, Diakonie, Rotes Kreuz oder Volkshilfe sind aus kleinen Inseln der tatkräftigen Nächstenhilfe erwachsen. Menschen haben sich vernetzt, zusammengeschlossen, um sich in der Hilfe und im Lobbying für die Hilfsbedürftigen gegenseitig zu stärken. Im Jahr 2015 durften wir diese spontane und über Wochen andauernde Hilfevernetzung zur Bewältigung der Hilfe an den Flüchtenden erleben. Später schimpfen uns andere „Willkommensklatscher“. Ich selbst war genau in dieser Zeit an vielen Bahnhöfen in Österreich und Deutschland unterwegs. Ob es Zufall war, weiß ich nicht. Ich sehe keine Zufälle, sondern es fällt mir zu. Ganz präsent ist mir der Bahnhof München, wo aus unserem RailJet von Salzburg kommend etwa 200 Geflüchtete von ebenso vielen Menschen klatschend begrüßt wurden. Die Gesichter haben alle müde ausgesehen, hatten in diesem Moment aber ein tiefes Lächeln rund um die Nase. Beeindruckend, wie die digitalen Netzwerke sich hier als besonderer Dienst erwiesen haben. Eben diese Netzwerke wurden dann von rechten und populistischen Angstschürern verwendet, um die Herzen der Menschen zu schließen. Heute sehen wir diese Kraft der Vernetzung allerdings wieder im Bereich der vielfältigen sozial-ökologischen Initiativen und Bewegungen. Stichwort: *Fridays For Future*. Gerade in der Coronazeit mit dem „physical distancing" bekamen diese Netzwerke wieder eine neue Bedeutung. In jedem Fall wird die Sichtweise bestätigt, dass jede und jeder gefragt ist. Ist der Beitrag noch so klein, er wird gebraucht. Das Bild des Senfkorns in der Bibel gilt als Stärkungsmittel für diese Sichtweise. „Auf mich kommt es eh nicht an" ist unmenschlich, unbiblisch und ganz sicher unjesuanisch. Der kleine Cent der Witwe war für Jesus mehr als die prahlerische Großspende des Pharisäers.

Als Pastoralassistent der Dompfarre Linz in den Jahren 1982 bis 1992 hatte ich neben den liturgischen Aufgaben wie Predigen und Wortgottesdienste die Jugendarbeit und die sozialen Aufgaben der Pfarre übertragen bekommen. Bei den vielen Aktivitäten, die die Jugend damals in der Pfarre auf die Füße gestellt hat, ist mir das internationale Projekt „Gesundheitszentrum Vina del Mar" in Chile noch in bleibender und prägender Erinnerung. Gerade erstmalige und gelungene Aktionen spornen an, ermutigen und geben Energie. An gescheiterten Projekten habe ich gelernt. Damals in den späten 1980er-Jahren hat uns bereits intensiv beschäftigt, dass die skandalöse Ungleichheit auf dieser Weltkugel nicht einfach hingenommen werden darf. Heute kann ich nicht mehr sagen, wie wir auf die Situation der mangelnden Gesundheitsversorgung der etwa 27.000 Bewohner eines Stadtviertels in Vina del Mar in Chile gekommen sind. Dieser Stadtteil gehörte zu einer Franziskanerpfarre und bestand ausschließlich aus Slumhütten. Mitten drinnen ein Haus im Rohbau. Darin war das Gesundheitszentrum von der Pfarre eingerichtet worden. Zwei Ärzte und vier Krankenschwestern waren für jene

Menschen da, die sich eine gesundheitliche Versorgung nicht leisten konnten. Das Gesundheitssystem in Chile war katastrophal. Wer Geld hatte, konnte ins Krankenhaus. Ohne Geld gingen nicht einmal die einfachsten Behandlungen. In diesem Stadtteil waren es viele, die sich ihre Behandlungen nicht leisten konnten. Die Pfarre hat daher die Erstversorgung übernommen. Sie vertrauten darin der internationalen Hilfe. Wir haben begonnen, genauer zu recherchieren. Die älteren Jugendlichen haben sich mit der Lebenssituation und dem Wohnen in Hütten auseinandergesetzt. Schließlich haben wir die Herausforderung angenommen. Wir finanzierten von der Dompfarre in Linz den Betrieb des Gesundheitszentrums in Vina del Mar mit Spenden und sozialen Aktionen über mindestens sieben Jahre. Diese nachhaltige Zusage war uns wichtig. Wir wollten uns als nachhaltige Partner zur Verfügung stellen. Der Betrag für den Ganzjahresbetrieb belief sich mit heutigen Vergleichszahlen auf etwa 25.000 Euro. Nicht wenig für das jährliche Engagement der Jugendlichen. Wenn wir allerdings vergleichen, was Gesundheit bei uns kostet, eigentlich ein Mini-Betrag. Die Hilfe war zugesagt und auch über Jahre geleistet. Jugendliche waren dort vor Ort und haben Informationen und Motivation mit herübergebracht. Aber nicht genug.

Es ging uns in der Folge nicht nur um die Hilfe „drüben", wie die Leute so sagten. Nein, es ging uns um Bewusstseinsbildung hier bei uns mitten in der Stadt Linz und in der Kathedrale, in der Bischofskirche. Wie erreichen wir ein Stück Betroffenheit und Wahrnehmung für dieses Thema? Plakate oder Schriften waren uns zu wenig. Internet gab es noch nicht. So entschlossen wir uns, eine originalgetreue

Slumhütte in den Dom zu bauen. Zusammen haben wir das Material, das Holz, Wellpappe, Plastik, ein Bett, Stuhl, Tisch, Stoffe zusammengetragen. Dompfarrer Johann Bergsmann war eingeweiht. Seine innere Größe und Weite haben ihn ausgezeichnet. An einem Samstag wurde gehämmert und gesägt, zusammengelegt und aufgebaut. Mitten im Dom, im Querschiff. Ein Plakat daneben hat erläutert, warum diese Slumhütte im Gotteshaus steht, die Slumhütte, die an die vielen Bewohner in Vina del Mar erinnern soll. Die Jugendlichen waren stolz, diesen „Fremdkörper hier im Dom“ errichtet zu haben, um damit eine Einladung zur Beteiligung an den sozialen Aktionen auszusprechen. Natürlich gab es heiße Diskussionen, ob die Kathedrale der richtige Ort für so eine „Verschandelung“ wäre. Andere haben dafür mit vollem Eifer und Engagement mitgeholfen, das Geld für die kostenlose gesundheitliche Versorgung drüben in Chile aufzutreiben. Jedes Jahr ist genug zusammengekommen. Es war uns ein Anliegen, das Geschehen nochmals zu verdichten. Unser Vorschlag war, dass im Zuge des Fronleichnamsfestes und der Prozession der Abschluss bei der Slumhütte sein soll. Das war nicht Jux und Tollerei geschuldet, sondern ganz einfach dem Evangelium, wo es bei Matthäus heißt, dass wir Jesus in den Ärmsten finden und die Werke der Barmherzigkeit fundamental sind. Die sieben Werke der Barmherzigkeit sind im großen Friedensfenster im Mariendom Linz als tragende Säulen der Friedensrosette dargestellt. Frieden ruht auf diesen konkreten Werken. Deshalb: In unseren Köpfen hat sich das Bild verfestigt, dass die Monstranz mit dem Allerheiligsten in der Hütte steht, unter den Ärmsten. Alle stehen davor, beten und singen, werden von diesem Platz aus gesegnet. Wir waren überzeugt, Jesus hätte das gefallen, mehr als auf den vergoldeten Altären. Kurzum: Das ging den Verantwortlichen rund um den Bischof doch zu weit. Dem Bischof hätte es, so wie ich Bischof Maximilian Aichern damals kennengelernt habe, sicher gefallen. Ich selbst habe viel Zeit vor und in der Hütte verbracht, um mich hineinzuspüren, hinüberzubeamen, Kraft aufzunehmen. Diese Hütte war für mich so etwas wie eine Kraftquelle. Da ich einen Schlüssel für die Kathedrale hatte, habe ich den Turm und die Hütte öfters auch in der Nacht besucht. Diese Hütte ist jahrelang gestanden als Erinnerungszeichen, die Ärmsten drüben nicht zu vergessen oder zu ignorieren. Nach einigen Jahren wurde die Hütte weggeräumt. Ich war nicht mehr in der Dompfarre. Andere Menschen, andere Sichtweisen, andere Prioritäten. Die Jugendlichen wurden erwachsen und haben sich – wie es meist so üblich ist – in verschiedenen Berufen, Familien und Wohnorten verloren. Ein gemeinsames Engagement war damit nicht mehr möglich, wiewohl diese jungen Leute nach wie vor gut vernetzt sind. Seit 2009 steht ein Modell der Türmerstube für den Turmeremiten an dieser Stelle zur Erklärung der Einsiedelei am Domturm in 70 Metern Höhe. Schön designt. Heute dürften wir diese Slumhütte nicht mehr aufstellen. Zu schräg, nicht passend, der Schönheit der Kathedrale widersprechend. Und genau diese Hütte hat die Katholische Jugend und die Junge Gemeinde der Dompfarre damals geprägt, geeint, profiliert, anziehend gemacht und verlebendigt, zur sozialen Tat angespornt. Die aufkeimende Kraft war spürbar und der Wille, konkret zu helfen, ausgeprägt. Immer wieder gingen die Gespräche in Richtung der strukturellen Sünde der Ungerechtigkeit, an der entlang bis heute und heute noch viel ungenierter die Welt ungerecht geordnet wird. Die biblische Geschichte vom barmherzigen Samariter diente uns immer als Erklärung unseres doppelten Tuns. Zuerst konkret helfen und gleichzeitig fragen, warum hier Räuber sind, wer und was Menschen zu Räubern macht. Oft haben wir damals über Bildung gesprochen und die Prinzipien der katholischen Soziallehre erörtert.

Die Herausforderungen, früher wurden sie einfach als Probleme bezeichnet, scheinen sich in den letzten dreißig Jahren nicht groß verändert zu haben. Sie stellen sich anders dar, in der Ungleichheit über die Welt verteilt noch krasser, dem technokratischen Weltbild der Machbarkeit noch mehr ausgeliefert und weit abgeschlagen hinter den beschönigenden Werbebildern der großen „Positiv-Welt" der auf die Butterseite Gefallenen. Es gibt zwar einzelne Fernsehbilder, die uns schocken. Wir wissen aber, dass der Schockzustand keine Wahrnehmung kennt, sondern nur das Weiterleben so wie bisher. Genau dieselbe Dynamik ist bei der Verweigerung der Wahrnehmung der Klimaveränderung der Fall. Das ehrliche soziale Tun von Mensch zu Mensch hält wach, stärkt die Wahrnehmung, mach Lust auf ein teilendes Leben und sieht am Du das eigene Ich wachsen, sich freuen, weinen und lachen.

Der populistisch geschürte Mainstream-Gedanke heute geht immer öfter weg von den Menschen, die an den Rand gedrängt oder dort gehalten werden. Mittlerweile scheint es plausibel zu sein, dass Menschen einfach zurückgelassen werden, weil Menschenwürde und Menschenrechte geteilt werden nach dem Kriterium, ob sie sie sich diese verdient haben. Gerade die kirchliche Situation in Österreich macht mich diesbezüglich nachdenklich. Wenn bei der Nationalratswahl 2017 jene zwei Parteien mit dem ausgrenzenden Ton über 60 % der Stimmen lukrieren, dann sind dort viele Katholikinnen und Katholiken dabei, unterstützen jene politischen Kräfte, die in ihren Handlungen, Botschaften und als Regierung (bis 2019) in den sozialen Ansagen diametral zum Evangelium stehen. Dabei handeln diese Parteien aus ihrer Sicht „christlich-sozial“. Sie setzen Leistung mit Gnade gleich und klassifizieren Menschen. Es wird daher wieder drängender und wichtiger, die Basics der katholischen Soziallehre in Erinnerung zu rufen. Soziale Aktionen werden zwar gerne gesehen, die neoliberal-kapitalistische Gesellschaftsrealität tut strukturell allerdings das Gegenteil. „Helft den Armen“, rufen sie der Kirche zu. „Aber ergreift nicht Partei für sie“, meinen sie eigentlich. Almosen und Symptome sind Sache der Kirche. Helft dem unter die Räuber Gefallenen. Aber fragt bitte nicht nach, warum auf der anderen Seite die Räuberei vergrößert, perfektioniert und als ganz normal gesehen wird. Die größte soziale Hängematte spannen die Reichsten über diese Welt, nicht die Ärmsten. Daher braucht es von der Kirche als Amtskirche mehr strukturellen Blick auf die gesellschaftlichen Entwicklungen und den Mut, dagegen aufzustehen. Der weltbekannte Musiker Martin Grubinger aus Oberösterreich schreibt in der Krone jeden Sonntag einen Kommentar. Dort lese ich beispielsweise: „Machen wir ein Rollenspiel. Stellen Sie sich vor, Sie müssen aus Ihrem Heimatland Österreich fliehen. Vielleicht wegen ihrer politischen

Gesinnung, ihrer Religion, ihrer sexuellen Neigung oder ihrer familiären Herkunft. Sie sind 18 Jahre, voller Tatendrang, Ideen und Träume. Sie sehen das Leben positiv und optimistisch, möchten mit Hingabe und Fleiß etwas erreichen. Sie kommen also in ein fremdes Land, das, so hoffen Sie, Ihnen vorübergehend Schutz gewähren wird. Sie möchten Fliesenleger, Elektriker, Mechaniker werden oder ihre Sprachkenntnisse im Tourismus miteinbringen. Und dann hören Sie von einem Politiker einer Partei, die regelmäßig zu kirchlichen Feiertagen ihre christlich-sozialen Werte wie eine Monstranz vor sich herträgt, dass es gut sei, dass Sie nichts lernen dürfen und man gesetzlich dafür gesorgt habe, dass es so bleibt." Anlass für diese Zeilen war ein Gesetzesbeschluss im österreichischen Nationalrat, wonach es Schutzbedürftigen ab jetzt verboten ist, eine Lehre zu machen. Türkis und Blau haben applaudiert, auch der junge Exkanzler und Wiederkanzler. Eine offene Verhöhnung des Evangeliums Jesu, der das Gegenteil erkämpft und getan hat: helfen und aufrichten, Räume öffnen und ermöglichen, hereinnehmen und nicht hinausekeln. Von der Amtskirche in Österreich war zu allen diesen Vorgängen nichts zu hören. Sie lassen gewähren und machen sich mitschuldig am menschenverachtenden Treiben. Nur die Hilfsorganisationen wie Caritas, Diakonie oder Menschenrechtsorganisationen schreien auf im Namen der Hilfesuchenden und gegen die „christlich-sozialen Monstranzträger". Übrigens: Martin Grubinger durfte ich zufällig am Bahnhof in Wien als hellwachen Bahnfahrer persönlich kennenlernen. Über Twitter haben wir uns gekannt. Solche Menschen braucht das Land, sollen Kirche inspirieren.

Und die katholische Soziallehre: Als Kompass für gesellschaftliche Prioritäten hat sie absolut nicht ausgedient. Wenn ich mit nicht kirchlich sozialisierten Menschen zusammen bin, dann erzeugt schon alleine das Wort katholische Soziallehre oft ein tiefes Fremdeln. Katholisch eng, pharisäisch und gestrig. Eben falsche Monstranzträger. Dazu dann die Vorstellung einer Kirche, die durch den Missbrauch jegliche Relevanz eingebüßt hat, sich mit sich selbst beschäftigt mit Landkarten und Strukturspielen. Dazu kommt der gesellschaftliche Trend, dass heute jeder sozial für sich selbst ist. Und Lehre klingt nach Bevormundung, im schlimmsten Fall nach Dogma. Spätestens hier fällt der Rollbalken, um wieder ganz ungestört bei sich selbst daheim sein zu können. Und was ist der Mensch heute, wenn er mit sich selbst alleine ist? Der Kabarettist Lukas Resetarits ist da sehr direkt. Direkte Menschen taugen mir. Er spricht vom heutigen Menschen als Soziopath. Gerade die Regierenden in ehemals hochstehenden Demokratien wie die USA oder England sind von solchen Männern regiert. Der heutige Mensch ist gekennzeichnet durch das neue neoliberale Sozialverständnis. Mein Du bin ich selbst. Meine Solidarität schaffe ich mir selbst. Wenn ich Hilfe brauche, gehe ich ins Netz zu mir selbst. Der bekannte österreichische Kabarettist findet für diese selbstreferentielle Identität des heutigen Menschen viele Ausdrücke und Beispiele. Fast möchte man meinen, die Soziallehre bin ich selbst mit dem Fokus auf mich selbst. Ironie legt offen.

Dabei stellt die Katholische Soziallehre sechs Prinzipien in den politischen Raum, mit denen Balance gefunden werden könnte: Personalität, Gemeinwohl, Solidarität, Subsidiarität, Nachhaltigkeit und die Option für die Armen. Genau diese Prinzipien haben sich im Laufe der letzten 130 Jahre kirchlicher Sozialverkündigung und kirchlicher Sozialpraxis herauskristallisiert und als verlässliche Bezugspunkte der sozialethischen Reflexion herausgestellt. Diese sechs Prinzipien sind sozusagen der Boden und das Ziel allen sozialen Tuns inklusive der strukturellen Arbeit in Richtung Gerechtigkeit und Frieden. Oft habe ich mit der Direktorin der Katholischen Sozialakademie (ksoe) Magdalena Holztrattner über die Gefährdung gesprochen, wenn diese sechs Pfeiler nicht mehr gesehen werden. Es geht dabei auch um ein Stück Selbstgefährdung der Kirche, wenn sie diesem Instrument, diesem Kompass keine wirkliche alltägliche Bedeutung beimisst. Wir haben deshalb von den Ordensgemeinschaften die Kurzvideoserie der Katholischen Sozialakademie über die sechs Prinzipien mitgestaltet und finanziert, weil von den Bischöfen nichts beigesteuert wurde, obwohl die ksoe eine Einrichtung der Bischofskonferenz ist. Realität ist, dass sozialpolitisch alles ausgedünnt wird. Genau das hilft den Starken, den Frechen und den strukturellen Ausgrenzern, den Sündenbock-Kreatoren und den Leistungsfetischisten.

Personalität bedeutet nämlich, dass die Würde eines Menschen unteilbar und ohne Vorleistungen zu gewähren ist. Die Würde des Menschen als Person ist unantastbar. Sie ist nicht verdient, kann nicht verhandelt oder verkauft werden. Man kann sie auch als normativen Achsenpunkt sehen, aus dem sich alle anderen Prinzipien ableiten. Der Mensch als Person hat immer Vorrang vor allem anderen und ist in seiner Würde stets zu achten, zu schützen und zu fördern. Als Individuum lebt jeder Mensch aber dennoch in sozialen Zusammenhängen, jeder Mensch ist von anderen abhängig, hat aber die Freiheit, diese Zusammenhänge und Abhängigkeiten verantwortungsvoll zu gestalten, sich selbst und anderen gegenüber. Personalität ist eine dynamische Dimension, die in der Spannung zwischen Gelingen und Scheitern menschlichen Lebens gelebt und entfaltet wird.

Gemeinwohl ist das persönliche Wohl von Einzelnen in einer Gesellschaft in Gegenwart und Zukunft. Das Gemeinwohlprinzip hat das Wohlergehen der ganzen Gemeinschaft zum Ziel, das über das Befinden einzelner Menschen hinausgeht. Das erstrebte größtmögliche Glück der Einzelnen hat damit seine Begrenzung im Gemeinwohl. Wasser ist beispielsweise Allgemeingut. Damit alle Menschen Zugang zu sauberem, leistbarem Trinkwasser haben, braucht es soziale Bedingungen. Hier können unterschiedliche Interessen von einzelnen Personen und Gruppen aufeinanderprallen. Wir sehen heute, dass Besitzer von Unternehmen Quellwasser in Plastikflaschen verkaufen. Dieses Interesse von Einzelnen steht dem Interesse der Allgemeinheit, dem Gemeinwohl entgegen. Die Politik muss vermitteln. Die Frage nach Gerechtigkeit ist eng mit dem Prinzip des Gemeinwohls verknüpft. Das Eintreten für Gerechtigkeit gehört wesentlich zum christlich motivierten politischen Handeln. Es geht um das Gemeinwohl, um das gute Leben aller in einer Gesellschaft. Gerechtigkeit muss jedoch immer neu erstritten werden. Die Frage nach Gerechtigkeit impliziert immer die kritische Frage nach Strukturen, die den politisch und wirtschaftlich Mächtigen einer Gesellschaft Privilegien sichern. Ob eine Gesellschaft gerecht ist, erweist sich erst, wenn man sie mit der Brille der gesellschaftlich Ausgeschlossenen, der Benachteiligten und sozial Abgewerteten beurteilt.

Solidarität braucht es, weil alles mit allem verbunden ist und alle füreinander verantwortlich sind. Solidarisch sein ist dem Menschen von Natur aus angelegt. Der Mensch ist ein Beziehungswesen und darauf angewiesen, sich in der Beziehung zu einem Gegenüber zu entfalten und zu wachsen. Das sozialethische Prinzip könnte mit der Formel „Eine und einer für alle – alle für eine und einen" auf den Punkt gebracht werden. *Laudato Si'* sagt immer wieder, dass alles mit allem verbunden ist. Obwohl man von konzentrischen Kreisen der Solidarität sprechen kann, da die Solidarität mit der eigenen Familie vordringlicher ist als die mit Unbekannten, darf sich Solidarität niemals nur auf eine geschlossene Gruppe reduzieren. Sonst verliert sie ihre Qualität und verkommt zum Gruppenegoismus oder Nationalismus. Solidarität überschreitet die Grenzen des Eigenen auf andere und Fremde hin. Sich solidarisieren heißt, sich bewusst in die Lage anderer, Fremder zu versetzen und sich für Fremde auch einzusetzen. Das indianische Wort gilt: Ein paar Tage in Mokassins des anderen gehen. Sich der gemeinsamen Menschheitsfamilie zu erinnern, weil alle auf dem gleichen Planeten Erde leben und voneinander abhängig und für einander verantwortlich sind, heißt solidarisch leben.

Subsidiarität meint die Hilfe zur Selbsthilfe. Wo die kleinere Einheit sich selbst helfen kann, darf der Staat Hilfe nur anbieten. Hier gilt das Nichteinmischungsprinzip. Wo die Kräfte der kleineren Einheit nicht reichen, ist es Aufgabe der größeren Einheit, unterstützend einzugreifen. Hier spricht man vom Hilfestellungsprinzip. Der subsidiär ausgerichtete Staat ist dazu da, die Person und die kleineren Einheiten in ihrer Eigentätigkeit bei aller Vielfalt zu fördern, nicht aber ihnen ihre Möglichkeiten zu nehmen. Das subsidiäre Hilfsangebot ist immer Hilfe zur Selbsthilfe. Erfahrbar wird Subsidiarität beispielsweise in der Bildung und Erziehung von Kindern und Jugendlichen. Grundsätzlich fällt diese in den Verantwortungsbereich der Eltern. Aber selten kann jemand diese Verantwortung der schulischen Bildung von Kindern gänzlich auf sich allein gestellt erfüllen. Nicht alle Eltern haben die Bildung oder das Geld und die Möglichkeiten, um ihre Kinder selbst zu unterrichten. Dort, wo die Kräfte der kleineren Einheit ausgeschöpft sind, ist es Aufgabe des Staates, Unterstützung anzubieten. Der Staat stellt die Möglichkeiten bereit, dass Eltern ihren Kindern eigenständig Erziehung und Bildung geben können. Darüber hinaus darf er sich nicht einmischen. Die subsidiäre Aufgabe des Staates ist gefragt, wenn es darum geht, Schulen zu bauen, Lehrpersonal auszubilden und zu bezahlen und Lehrpläne sinnvoll zu gestalten.

Nachhaltigkeit meint das unbedingte Verknüpfen von Entscheidungen mit ihren langfristigen Folgen. Nachhaltigkeit fragt danach, ob der heutige Wohlstand auf Kosten der sozialen und ökologischen Existenzbedingungen anderer Menschen aufgebaut ist. Hinterlassen wir zukünftigen Generationen eine Gesellschaft und eine Erde, die lebenswert sind? Ist unser Wohlstand auf Kosten der sozialen und ökologischen Existenzbedingungen anderer und zukünftiger Menschenleben aufgebaut? Christliche Sozialethik befragt mit dem Prinzip der Nachhaltigkeit die langfristigen Konsequenzen von Entscheidungen auf struktureller Ebene. Dafür ist es wichtig, verschiedene gesellschaftliche Wirkbereiche zu verknüpfen, die gerne als voneinander unabhängig beurteilt werden: Wirtschaft, Wissenschaft, Technik und Politik.

Mit der *Option für die Armen* ist jene Gerechtigkeit intendiert, die mit den schwächsten Mitgliedern der Gesellschaft inklusiv und menschenwürdig umgeht. Das sozialethische Prinzip der vorrangigen Option für die Armen ist wie eine Sehhilfe, die den Blick dafür schärft, ob eine Gesellschaft gerecht gestaltet ist oder einseitige Interessen von kleinen Gruppen fördert. Man erkennt strukturelle Schieflagen oder Ungerechtigkeiten relativ leicht, wenn man durch die Brille derjenigen sieht, die arm, benachteiligt, von gesellschaftlichen Prozessen ausgeschlossen sind. Die Gerechtigkeit einer Gesellschaft zeigt sich also daran, wie sie mit ihren schwächsten Mitgliedern umgeht. Der Blick durch die Brille der Armen lässt schärfer sehen, ob die elementaren Bedürfnisse wie essen, wohnen, heizen, Bildung, Gesundheit für alle ausreichend befriedigt sind. Ausgehend von der Verpflichtung, soziale Gerechtigkeit und gleiche Lebenschancen für alle zu ermöglichen, stellen sich die Kirchen an die Seite der Armen, Benachteiligten und Abgewerteten. Soziale Gerechtigkeit zielt auf gesellschaftliche Bedingungen, die im Sinne des Gemeinwohls allen Menschen die ganzheitliche Entfaltung ihrer Person ermöglichen. Damit folgt die Soziallehre der langen biblischen Tradition: Kirche als Gemeinschaft der Gläubigen, die sich an Jesus von Nazareth orientieren, identifiziert sich mit den Vergessenen und an den Rand Gedrängten einer Gesellschaft und setzt sich ein für Gerechtigkeit, Anerkennung und Würde für ein gutes Leben aller.

Der Exkurs in die Prinzipien erinnert uns: Es gibt einen Kompass im Leben. 50 % der Österreicher wissen nach einer aktuellen IMAS-Umfrage (2019) nicht, wohin sie sich wenden sollen und woran sie sich orientieren können. Sie sind „ausgeliefert" und glauben daher fast alles, was man ihnen einredet. Gerade der politische Diskurs 2017 in Österreich rund um die türkis-blaue Regierung hat eine Initiative hervorgebracht, die sich bewusst „Christlich geht anders" benannt hat. Vorsitzender und Präsidentin der Ordensgemeinschaften Österreich waren von Beginn an dabei. Nie ein Bischof oder höherer kirchlicher Würdenträger. Ich durfte viel Inspiration für meine Arbeit als Kommunikationsverantwortlicher der Orden aus den Arbeitsgruppen und der Mitarbeit mitnehmen. Die Grundsätze, die die Initiative formuliert hat, waren für die Medienarbeit der Orden unser Leuchtturm, Orientierung.

Die Initiative hat nicht jene Breite erreicht, die sich die Initiatorinnen und Initiatoren erwartet haben. Die populistisch gesetzten Marker wurden von vielen Menschen bereits inhaliert und mit neuer Überzeugung wieder ausgeatmet. Genau dieses Grundstatement könnte mit der Monstranz an Fronleichnam mit hinaus in die Welt getragen werden. Hier braucht die Kirche eine spürbare Intensivierung ihrer Eingriffslust auf das derzeit gängige neoliberale kapitalistische Drehbuch für Gesellschaftsgestaltung. Die Populisten verstehen es ausgezeichnet, die Kirche für ihre Macht zu nutzen. Nicht umsonst hat sich Wladimir Putin mit der orthodoxen

Kirche versöhnt, die jetzt seiner Macht ministriert. Zwar selbstbewusst, aber sie ministriert. Ein Schelm, wer über Russland hinausdenkt. Seit Papst Franziskus im Amt ist, gibt es aus meiner Sicht Gott sei Dank „ganz oben“ eine diesbezügliche Korrekturstelle. In der Kirche selbst hat er bisher kaum etwas geändert, aber sein ganz anderer Blick auf die Welt als Kirche, bewusst an die Ränder, im persönlichen Lebensstil auf Einfachheit aufgebaut und dabei möglichst transparent agierend. Ich durfte dem Papst 2016 in einer persönlichen Begegnung die Hand schütteln und kurz einige Worte wechseln. Seine Augen haben mich angeschaut und wahrgenommen. Er ist mir als Person entgegengekommen. Wertschätzung, aufbauend, hellhörig und die Bitte: Beten Sie für mich. Demut und persönliche Größe. Ohne Amt und Würden. Das ist seine Stärke. Die Einfachheit, Klarheit, Entschiedenheit und Verbundenheit. Viele Menschen haben an diesem Tag noch auf ihn gewartet. Nach uns war eine Familie mit einem schwer beeinträchtigten Kind. Eine gefühlte Unendlichkeit hat sich der Papst Zeit genommen für diese konkreten Menschen, hat ihnen Mut und Trost zugesprochen und den Segen ausgesprochen. Sein Mitarbeiterstab weiß mittlerweile, dass sie nicht drängen dürfen. Hier habe ich einen Papst erlebt außerhalb der getakteten Zeit ganz in der Empathie und Compassion mit den jeweiligen konkreten Menschen. Die soziale Tat schlechthin.

Als „Vagabund an der Westbahnstrecke zwischen Linz und Wien“ habe ich mich in meiner Wienzeit bei den Orden manchmal vorgestellt. In der Zeit wurde ich zum konsequenten Öffi-Fahrer mit Bus, Bahn oder U-Bahn. Drei Jahreskarten brauchte ich dafür in Österreich. Der öffentliche Raum im Zug wurde mir sehr sympathisch, und heute sehe ich es als besondere Lebensqualität, nicht im Auto reisen zu müssen. Es gilt mehr denn je: Wer mit dem Auto fährt, bleibt daheim. So habe ich auch den Vida-Bundesvorsitzenden Roman Hebenstreit, der früher Lokführer war, kennengelernt. Er hat mir bei einem Besuch in der Gewerkschaftszentrale in Wien zu einem fokussierten Blick verholfen. „Gemeinschaft hält" war unser Thema. Vida vertritt nicht nur ihre 135.000 Gewerkschaftsmitglieder, sondern ebenso die EPUs (Ein-Personen-Unternehmen). Diesen „Freien" will sie Schutz, Sicherheit und Lebensperspektiven in Solidarität organisieren. Gerade hier wächst eine moderne Form von Sklaverei in die Gesellschaft herein, die uns als plausibles globales Geschäftsmodell verkauft wird. Alles, was Solidarität in diesem Bereich stiftet, wird verhindert. „Als Feinde der Solidarität stellen sich die derzeit überall voranschreitende, entgrenzende Liberalisierung, der Wettbewerb durch alle Lebensbereiche und die Konkurrenz unter dem Immer-noch-billiger heraus. Genau das ist zu einer Art Ersatzreligion geworden. Besser, schneller, härter. Das unterspült täglich den Kernwert Solidarität." Dieses Gegeneinander und das dauernde Vergleichen anhand von Rankings ermöglichen das Teile-und-herrsche. Das trifft nicht nur Gewerkschaften, sondern genauso andere zivilgesellschaftliche Kräfte und Gruppen. „Auch wenn wir als Gewerkschaft nur einen Teil der Gesellschaft organisieren, so treffen diese Faktoren genauso die Kirchen oder Solidarverbände." Dem leidenschaftlichen Gewerkschafter Hebenstreit ist klar, dass gerade die Bildung von Gemeinschaften einem dauernden Wandel unterliegt. Er benennt die gesellschaftlichen Veränderungen durch die Digitalisierung. Dabei geht es immer um Identitätsbildung: Wer sind wir? Und: Da gehöre ich dazu, möchte ich dazu gehören. Das erfordert neue Zugänge, neue Methoden. Diesen neuen digitalen Vernetzungsformen ist gemein, dass sie das Risiko einfach weitergegeben an die Arbeitnehmer, die EPUs, den Letzten in der Kette. „Auch die neuen Crowd- und Share-Formen der Arbeit gehen im Grunde entlang dieser Logik. Das Risiko liegt beim Einzelnen." Gerade Corona hat gezeigt, dass genau diese oft prekär Arbeitenden auf einmal „systemrelevant" waren. Durch Applaus wird ihre prekäre Lebenssituation nicht besser.

„Es gibt kaum ein Gewinn bringenderes und emotionaleres Erlebnis, als einmal in einem größeren Zusammenhang Solidarität gespürt, erlebt zu haben, einmal gemeinsam gegen etwas aufgestanden zu sein, sich zur Wehr gesetzt zu haben." Hebenstreit hat immer wieder Verhandlungen zu führen: „Wenn 1000 Leute im Saal sind, dann hat das eine unglaubliche Kraft. Hier wehren sich beispielsweise Leute, die mit dem Mindestgehalt und ein paar Zulagen abgespeist werden sollen. Die Leute spüren: Wir bewegen etwas, wenn wir zusammenstehen." Bei Verteilungsgerechtigkeit geht es immer auch um Schutz, um Sicherheit und Lebensperspektiven. Gerade eine langfristige Lebensperspektive braucht einen gesicherten Rahmen. Dieser Rahmen wird von den derzeit Regierenden überall gesprengt. Dabei geht es letztendlich darum, in Würde eine wertgeschätzte Arbeit beitragen zu können. Dazu gehören in einem guten Arbeitsleben auch gute, lebensförderliche Rituale und Abläufe." Hebenstreit sieht gerade eine Generation, die direkt in die Altersarmut hineingeht. Große Medien reden derzeit dieser Entsolidarisierung das Wort. Aus Sicht der Gewerkschafter gehen manche Aussagen der Kirche wie die bedingungslose Befürwortung des Nulldefizits als Position der Kirche in die falsche Richtung. Kardinal Schönborn von Wien hat kurz vor Weihnachten der neoliberal geprägten Regierung Kurz ein diesbezügliches Lob ausgesprochen. Der Kardinal musste seine Aussage revidieren und neu interpretieren, weil es sowohl innerkirchlich als auch außerkirchlich große Verwunderung über diese Aussage gab. Der Gewerkschaftsführer sieht aber eine inhaltliche Nähe zur Kirche. Das gemeinsame Einstehen für die Solidarität verbindet: „Wir sind allen Initiativen und Bewegungen sehr nahe, die Armut bekämpfen, Schutzsicherheit und Perspektiven entwickeln." Er benennt dabei ausdrücklich die Orden, die Initiative „Christlich geht anders" oder die Katholische Sozialakademie. Gegen diese weit verbreiteten Entsolidarisierungsdynamiken, die mit großer Plausibilität aus dem neoliberalen und zutiefst kapitalistischen Gedankengut befeuert werden, braucht es viele kleine und große Solidarbiotope.

Die Kirchen sollten in jedem Fall eindeutig auf dieser Seite stehen und alle ihre Möglichkeiten dafür zur Verfügung stellen. Da ginge in einer Skala von eins bis zehn noch wesentlich mehr. Geschwächt werden kirchliche Solidaritätsstifter wie die Sternsinger, Sei so frei, Aktion Teilen bis hin zu Brot für die Welt von einem ambivalenten Verhalten der Kirchenoberen gegenüber den Machthabenden. Das hierarchisch geprägte Selbstsicherheitsdenken lässt sie oft und offen mit jenen Mächtigen gehen, die genau hinter diesen Entsolidarisierungsdynamiken stehen.

Kirchenverantwortliche stehen oft direkt neben den „Solidaritäts-Sprengmeistern“. Die Macht der Bilder kennend, lässt sich der Erzbischof von Wien gerne mit dem jungen Kanzler fotografieren. Landeshauptleute und Äbte sind viel zusammen auf Bildern. Interessanterweise ganz selten Ordensoberinnen. Hier ist eine gewisse „Blauäugigkeit“ gegeben, die sich durch alle politischen Ebenen bis hinaus in die Dörfer zieht. Immer wieder habe ich in meinem beruflichen Leben in den verschiedenen Aufgabenfeldern gesehen, dass Kirchenverantwortliche lieber mit den Etablierten gehen als mit den „Randständigen“. Status- und Anerkennungsgewinn waren dort mehr zu holen. Das soziale Tun speist sich allerdings aus der unmittelbaren Begegnung mit dem Hilfesuchenden. Der heilige Franziskus ist erst dann in seine Berufungsspur gekommen, als er den Aussätzigen handfest umarmt hat. Das war eine Überwindung, die ich selbst gut nachvollziehen kann. In meiner Zeit als Zivildiener bei den Obdachlosen ist auch bei mir erst der Groschen gefallen, als ich die Wärme der Umarmungen dieser Menschen an mich herangelassen habe.

1982 habe ich als Pastoralassistent in der Dompfarre begonnen. Niemand wusste, was ein Pastoralassistent ist, was er tut und was er darf. Es war Pionierarbeit in den Köpfen der Menschen. Als Theologe war ich Magister. In Österreich ist ein Titel etwas Besonderes. So wurde ich von einigen in der Pfarre auch angesprochen: „Herr Magister“. Mir war das unangenehm, weil ich ja nicht als Titel angestellt wurde. Die wirkliche Korrektur in den Köpfen passierte beim Nikolomarkt der Katholischen Frauenbewegung. Die Obfrau hatte mich als „Herr Magister“ herumgereicht. In diesem Moment kommen drei Sandler, sprich Obdachlose bei der Tür herein und rufen von Weitem auf mich zu: „Servus Ferdl". Die Frauen schauten einander ratlos an, und ab diesem Moment habe ich den Titel Magister nicht mehr gehört. Es waren die von draußen, die mich als Person drinnen im kirchlichen Gefüge positioniert haben. Dafür bin ich ihnen bis heute dankbar.

Eine Zeit der Verhärtung und auch Resignation zurück in die eigenen vier Wände erlebe ich gerade. Unter den vielen neuen gesellschaftlichen Wandel-Ansätzen von „system change not climate change" über „pioneers of change" bis hin zu „social business acting" ist mir zu Weihnachten 2019 der Transformationsansatz „Kleeblatt des Wandels" von Wolfgang Bartsch aus Wien-Ottakring in die Hände gefallen. Persönlich sind wir einander bei den interreligiösen Gesprächsforen begegnet. Diese Ansätze zeigen alle miteinander, dass soziales Tun heute weniger auf der Almosenschiene unterwegs ist, sondern in nachhaltigen strukturellen Veränderungen zu denken ist. Der einzelne Mensch wird dabei in die Pflicht genommen wie auch der entsprechende politische Rahmen gefordert.

Wolfgang Bartsch spricht von einer alternativen Lebensweise, die von einer glücklichen Genügsamkeit und dem Gemeinwohlhandeln geprägt ist. Dorthin gehen die inneren und äußeren Transformationsprozesse, die sich an den Kardinaltugenden Klugheit, Mäßigung, Tapferkeit und Gerechtigkeit orientieren. Durch Fasten im Sinne von Loslassen, Freiwerden, Abstand finden und Entdecken des Wesentlichen wird dieser Transformationsprozess angestoßen. Kontemplation als spirituelle Vertiefung durch

Gehen, Räume der Stille oder Meditation halten uns auf dem Weg und geben täglich Kraft. Eine tiefe ethische Reflexion im Sinne von Sehen, Urteilen, Handeln oder Hören, Entscheiden, Tun sind die Selbstvergewisserungsstationen auf dem Weg zu einem ausgewogenen Lebensstil. In Ruhe und Stille verharren und nachdenken über den eigenen Lebensstil. Das ist der fruchtbare Boden, auf den Bartsch die vier Handlungsimperative pflanzt: „Lebe wachen Gewissens", „Finde das rechte Maß", „Wage neue Aufbrüche" und „Handle solidarisch". Diese Aussagen erinnern mich an die Themenfelder, die wir mit 5vor12.at bei den Ordensgemeinschaften in Österreich als inhaltliche Anker in den öffentlichen Raum gestellt haben. Sie haben gewirkt als Motivation hin zu einem geöffneten Leben entlang von Nachhaltigkeit und Solidarität: Loslassen befreit! Aufbruch bewegt! Vielfalt stärkt! Gemeinschaft hält! Gerechtigkeit geht! Beziehung heilt! Erfahrung bildet! Kultur öffnet! Fremdes bereichert! Aus meiner Erfahrung sage ich heute, dass gerade Ordensleute durch ihren Lebensentwurf viel Luft nach oben hätten, in die gesellschaftlichen Prozesse aktiv, engagiert und couragiert einzugreifen. Da gibt es einzelne wenige, die das tun und auch gehört werden. Wenn Sr. Beatrix Mayrhofer als Präsidentin der Frauenorden kritisch ihre Stimme beispielsweise zum unsinnigen Kopftuchverbot oder zu Abschiebungen von Lehrlingen erhoben hat, dann hatte das Gewicht und war Orientierung. Gelegen oder ungelegen. Je nachdem. Zu oft musste ich sehen, dass politische Entscheidungsträger sich die Ordensoberen an der Leine halten zur Stabilisierung ihres Machtstatus im neoliberalen-kapitalistischen und damit entsolidarisierenden Welt- und Menschenbild. Die Leine war und ist süß, weil es dafür monetäre Förderungen gibt. Ein tiefer Spalt geht hier durch die Kirchen von den Kirchenmitgliedern in den Pfarren angefangen bis hinauf zu den Bischöfen. „Politisch links" ist für die meisten mit „antikirchlich" aufgeladen. Daher sind die Kirchenoberen lieber rechts-konservativ. Dass mein Neffe Stefan Kaineder als Theologe zum stellvertretenden Bundessprecher bei den Grünen gewählt wurde, hat mir viele Fragen eingebracht. Das weit verbreitete Feindbild gegenüber den Grünen in etablierten kirchlichen Kreisen richtete sich auf einmal gegen uns selbst. Ich erinnere: Das Evangelium steht immer an der Seite der Herunter- und Herausfallenden, um sie aufzurichten, und tritt immer gegen diese schiefe Ebene der Entsolidarisierung auf. Das Magnifikat ist nicht nur ein Gebet, sondern die politische Ansage der Kirche: „Er stürzt die Mächtigen vom Thron und erhöht die Niedrigen. Die Hungernden beschenkt er mit seinen Gaben und lässt die Reichen leer ausgehen." Die Versuchungen bleiben groß, bei den Oberen, den Reichen und den Satten zu bleiben. Es gibt sie allerdings, die den Magnifikat-Fokus haben. Sie sind unter dem jetzigen Pontifikat praktisch gestärkt, weil sich Papst Franziskus im eigenen Haus genau in dieselbe Richtung abmüht und arbeitet. Das praktische Zupacken, das soziale Tun mobilisiert und nährt die Seele wirklich. Und genau hier bin ich wieder bei der Slumhütte im Linzer Dom. Diese Erfahrung nährt und motiviert bis heute.

FREIRÄUME: Die Dynamik der Mitte, der Ränder und der Zwischenräume

„Alles ist mit allem verbunden.“ Diese Aussage des Papstschreibens *Laudato Si’* aus dem Jahre 2015 enthält für mich die zentrale Lebenseinsicht auf Zukunft hin. Nicht mehr der eine Paukenschlag wird die Erde retten, das „eine Große“ den Erfolg bringen, diese einzige Maßnahme unser Leben in das Glück hineinheben. Vielmehr ist es das ebenbürtige und gleichwertige Zusammenspiel der vielen einzelnen Stimmen und Instrumente hinein in einen Klangraum, der die innere Dynamik eines sozialen Lebewesens ausmacht. So werden wir von innen her genährt und können hineinwachsen in eine neue Begeisterung. Bei allem Verstehen, Mitmachen und Vernetzen spüren die Menschen intuitiv zuerst den „Spirit“, den Geist, der hier schwebt, vibriert und klingt. Für das Finale dieses Buches bleibt die Aufgabe, der Frage nach den „Schwingungen“ in der Mitte, an den Rändern und in den Zwischenräumen genauer nachzugehen, um sie als Freiräume aufzumachen, zu öffnen, begehbar zu machen.

Als Weitgeher und Pilger über viele Tage und weite Strecken habe ich gelernt, diese Schwingungen beim Betreten eines Dorfes oder einer Stadt zu spüren. Das Weitgehen öffnet mich mit jedem Schritt hinein in die sich ändernde Umgebung. Die Weite und Tiefe dieses Öffnungsprozesses habe ich sonst nirgends mehr in dieser Form so kennengelernt. Vielleicht in der Kunst. Wer alleine geht, wird hungrig nach den äußeren und inneren Dynamiken seines Weges, der Natur, den Kulturschätzen am Weg, den Menschen, die mir am Weg begegnen. Schon einmal habe ich festgehalten: Das Leben kommt dir entgegen. Bei meinem 52-tägigen Gehen 2009 nach Assisi habe ich das anhand von zwei aufeinanderfolgenden Dörfern in der Poebene recht krass erlebt, was es heißt, in die innere Dynamik, in den Spirit eines Dorfes hineinzuhören und einzutauchen. Es war sehr heiß in diesem August. Am Vortag gab es in der Nähe einen Hitzetoten. Meine Schritte trotteten dahin. Jedes Dorf mit einer Kirche, einem Park mit Bäumen und einem Café war eine Atempause, eine Abkühlung, die ich immer in Anspruch genommen habe. Schon von Weitem ist der Kirchturm sichtbar und ich freue mich, dass ich wieder Unterschlupf finden werde. Kurz vor Mittag betrete ich die Kirche des kleinen Dorfes, genieße den Schatten und die relative Kühle, bete mein Vaterunser, stelle den Rucksack ab und lege mich in die letzte Bankreihe. Als Pilger erlaube ich mir das. Ich höre Geräusche. Ein Mann, es wird der Pfarrer sein, geht zum Tabernakel, nimmt das heilige

Brot heraus und schließt wieder alles. Ich sehe das liegend durch die Bänke hindurch. Er geht irgendwie fröhlich im Mittelgang zurück. Auf meiner Höhe angekommen, sieht er mich liegen. Ganz langsam setze ich mich auf. Er kommt zu mir her. „Stay“, hat er gleich auf Englisch gesagt, wie wenn er gespürt hätte, dass ich in Italienisch eine Null bin. Er lächelt mich an mit dem heiligen Brot an seiner Brust. Wir sprechen leise darüber, dass ich ein Pilger nach Assisi bin, von Österreich aus alles zu Fuß gehe, dass ich müde bin und froh bin, der Mittagssonne hier in der Kirche zu entkommen. Sein Gesicht strahlt Bewunderung aus. Er erklärt mir, dass er die Kirche zusperren sollte, aber jetzt zuerst mit der Krankenkommunion zu einer alten Frau geht und in etwa fünfzehn Minuten wiederkommt zum Zusperren. Das ist in Italien so, dass die Kirchen mittags zugesperrt werden. Alles ruht. Ich lege mich wieder um und nicke sogar ein. Behutsam weckt er mich und sagt mir, dass das Café daneben offen ist und ein Espresso auf mich wartet. Wir verlassen gemeinsam die Kirche, er segnet mich und sperrt zu. Im Café sitzen ein paar Frauen und Männer um einen Tisch. Zwei Männer sind beeinträchtigt. Sie unterhalten sich. Kinder laufen herum und spielen. Die Kellnerin stellt mir den Espresso auf den Tisch, den der Pfarrer schon bezahlt hat. Ich spüre eine wohlige Wärme in den Beziehungen, eine Wertschätzung und Leichtigkeit, eine fröhliche Inklusion, ein fließendes Miteinander von Frauen und Männern. Die Kinder selbstverständlich daneben. Sowohl das Kirchengebäude, das Café und die Architektur des Dorfes waren mit Liebe beseelt. Das klingt groß, ist aber im Kleinen wirklich eine große Sache. Noch heute spüre ich diese unaufgeregte innere Lebensfreude, wenn ich an dieses Dorf denke.

Dann heißt es wieder aufbrechen, obwohl es hier so gut war. Über drei Stunden führte mich der eintönige und flache Weg in das nächste Dorf. Der Kirchturm sah von Weitem dunkel aus, wie wenn er durch ein Feuer angeräuchert worden wäre. Ebenso die Häuser. Das Steinmaterial war aus einem anderen Steinbruch. Deshalb dunkler. Die Kirche war innen finster und ungepflegt. Ich spürte, dass sich niemand wirklich kümmert. Schon hier denke ich, wie unterschiedlich der Kirchenraum auf einen wirken kann. Hier wollte ich nicht bleiben. Mit Blick auf das gegenüberliegende Café verlasse ich das Gotteshaus. Das Café war groß. Ich betrete den Raum und höre nur Männerstimmen, die in einer Lautstärke miteinander redeten, als müssten sie die ganze Poebene überzeugen. Ich schaue nochmals bewusst und sehe keine Frauen. Der Kellner ignoriert mich lange, aber ich bin froh, dass ich sitze. Ein großes Soda Zitrone bestelle ich und spüre noch etwas hinein in den Raum. Es wird beklemmend, weil es so laut ist. Der Geist der Rechthaberei war zu greifen, ebenso der Geist der Besserwisserei. Kein Lachen. Zwei Kinder schauen verstohlen bei der Tür herein und verschwinden wieder. Eine tiefe Freudlosigkeit umgab mich und alle Begegnungen waren irgendwie lieblos, ohne ein Lächeln oder einen respektvollen Augenaufschlag. Ich selbst fühlte mich bedrohlich beobachtet. Niemand fragte mich, woher oder wohin ich unterwegs bin. Ich verlasse das Lokal, den martialischen Ortsplatz und das Dorf. Ab diesem Zeitpunkt habe ich begonnen, die Dörfer und Städte einzuteilen in „da möchte ich bleiben“ oder „nix wie raus“. Natürlich immer auch mit Zwischentönen. Seit dieser Zeit ist mir diese meine Fähigkeit bewusst geworden. Ich bin mit einer besonderen Wahrnehmung ausgestattet. Für den Klang- und Resonanzraum eines Dorfes, einer Firma, eines Hauses habe ich ein spezielles Gehör, so etwas wie „Raum-Augen und einen sozialen Geschmackssinn“. Es geht mir dabei nie um eine moralische Sicht im Sinne von gut oder schlecht, sondern um das Erspüren und Wahrnehmen des Spirits, der entweder aufrichtet, nährt, beflügelt, zusammenführt, öffnet, inspiriert, trägt, motiviert, inkludiert oder niederhält, zehrt, sudert, auseinanderdividiert, schließt, auch fallen lässt und dem Zynismus Platz gibt. Hier ist Wirkkraft beheimatet und dort Statusmacht, hier ist das Leben fluid und dort kristallin, hier findet Synode statt und dort regiert der hierarchische Befehlston. Damit niemand auf die Idee kommt, dass mir Schwarz-Weiß-Malerei am Herzen liegt, halte ich fest, dass in jedem sozialen Lebewesen irgendwie beides ist. Aber es gibt – und das kann jede und jeder selbst ausprobieren – vor jedem sozialen Lebewesen, vor jeder Organisation und jedem sozialen Raum ein Vorzeichen. Man muss keine Mathematikerin oder Mathematiker sein, um zu wissen und zu verstehen, dass ein Plus vor der Klammer ein anderes Ergebnis bringt als ein Minus davor. Welches Vorzeichen steht vor meinen sozialen Beziehungen? Wenn ein Minus davorsteht, kann das in ein Plus verwandelt werden. Ja, das geht. Mehrmals durfte ich an solchen Veränderungen mitwirken oder sie anstoßen. Erleben musste ich allerdings auch, dass es sehr schnell geht, ein Plus davor zu verlieren. Unglaublich schnell schleicht sich dann wieder ein schweres

Minus ein. Der Stein rollt nicht von selbst nach oben, wohl aber nach unten. Humor- und Freudlosigkeit sind die Anzeiger dafür, dass sich ein Minus breit macht.

Ein Blick auf die katholische kirchliche Situation im deutschsprachigen Raum zeigt mir immer öfter, dass männlicher Klerikalismus, die nicht entsprechende Aufarbeitung der zahlreichen Missbrauchsfälle, die Verweigerung der gleichwertigen Wirk- und Würderechte für die Frauen, eine sprachliche und rituelle Entfremdung verbunden mit einem Amts-Narzissmus in Selbstreferentialität das Minus ganz tief und fest eingraviert haben. Sage in einem Raum vor 100 Menschen laut und deutlich das Wort Kirche. Bei über 80 % fallen die Rollläden runter: Nichts für mich. Wenn wir heute in – vornehmlich gehobene – kirchliche Häuser eintreten, dann dürfen wir damit rechnen, dass wir von einem Art Struktur-Nirwana umgeben sind, sphärisch ausgeleuchtet von einem rasanten Relevanz- und Glaubwürdigkeitsverlust auf allen Ebenen. Wir sehen die Akteure (manchmal sind es auch Akteurinnen) hin und her pendeln zwischen Überforderung und Wurschtigkeit. Erst das Volllicht im Raum zeigt dem Fremdling den wahren Zustand dieser heutigen kirchlichen Situation: Ohnmacht. Ohnmacht liegt in der Luft. Das lässt kaum atmen. Ohnmacht ist der Boden, aus dem allerdings geschäftig herausgearbeitet wird. Die Hierarchiekirche liegt am Boden, reduziert sich im Sterbevorgang ganz auf sich selbst und hütet, beschützt, verteidigt mit allen Methoden ihre Privilegien, ihre Mensalgüter und ihre monetären Ressourcen wie Kirchenbeitrag oder Kirchensteuer. Vieles davon weiß das willige und umtriebige Volk Gottes nicht.

Das nutzen die hierarchischen Amtsträger (manchmal auch Amtsträgerinnen) hervorragend. Die alles entscheidenden heiligen Handlungen bleiben an die Weihe gebunden, die man seit dem II. Vatikanum in seiner Denkrichtung eindeutig für Frauen und Männer offen sehen sollte. Das Volk kämpft für den Vollzug der Öffnung, ruft nach Reformen, dialogisiert und protestiert sich dafür zu Tode, wird vertröstet. Ein beeindruckend schönes Abhängigkeitsspiel. „Change the game" würde es woanders heißen, wenn sich die Spielregeln selbst beispielsweise gegen die Spielteilnehmerinnen richten. Das mittlerweile älter gewordene Volk Gottes, im ausbalancierten Kampf-Modus gegen die Bischöfe erprobt und ermüdet, wartet immer noch, hält sich mehr oder weniger aufgeregt in Erwartung, dass sich bald etwas ändern wird. Der angesehene Pastoralprofesssor Paul M. Zulehner aus Wien ist mit immer größerer Hoffnungs-Gießkanne umtriebig unterwegs. Medien mögen das an ihm und so hat er diese hinhaltende Deutungshoheit über kirchliche Vorgänge. Mittlerweile reden wir von einem erwarteten Mauerfall. Welch ein Bild: die Kirche hinter der Mauer. Das *Geliebte Amazonien* haben 2020 viele als großen Heilsbringer erwartet. Der Papst lässt in seinem Schreiben Kolibiris flattern, Wasserfälle donnern und preist die Weisheit und das besondere Gemeinschaftsleben der indigenen Völker am Amazonas. Wir können viel von ihnen lernen. Unbedingt. Wir müssen viel von ihnen lernen, sollten wir allen Menschen auf dieser Weltkugel ein gutes Leben in die Zukunft hinein ermöglichen. Unsere westliche Kultur mit dem rein technokratischen Welt- und Menschenverständnis zeichnet sich in diesen Gegenden in

Südamerika (aber genauso in Afrika) durch Landraub, Korruption, Sklaverei, Mord, Konsumismus und politische Lüge aus. Der westlich-populistisch sozialisierte Mensch hat allerdings zu Amazonien folgendes Bild: Dort ist ein enorm leerer Raum, der besetzt, ein Reichtum im Rohzustand, der entwickelt, und eine weite Wildnis, die gebändigt werden muss. Der Papst sagt zu Recht mit aller Dringlichkeit: stopp. Das geht sich menschenrechtlich, politisch, sozial und ökologisch nicht aus. Spirituell schon gar nicht. Zur inneren Reform der Kirche in Richtung ebenbürtige Wirk- und Würderechte für die Frauen (vulgo Frauenpriestertum) keine Silbe. Aus meiner Sicht definitiv enttäuschend, welches Frauenbild der südamerikanische Papst (Männer – Jesus, Frauen – Maria) mit Kolibris, Wasserfällen und indigener Gemeinschaft in den weltweiten Raum gestellt hat. Nicht als Einziger lese ich heraus, dass der Papst damit ein klares Minus vor die Kirche gesetzt hat.

Wenn die Hierarchiekirche die Reformen nicht macht, muss die Synodalkirche die zukunftsnotwendigen Reformen einfach tun. Um Gottes und der Menschen willen. Das war in der Kirchengeschichte immer so. Franziskus hat die Armut einfach gelebt, wo andere in Assisi sie aus der Komfortzone heraus diskutiert und bewertet haben. Und Frauen haben eucharistisch feierlich gehandelt. Was Nahrung für die Menschen im Sinne Jesu ist, ist zu tun. Die Taufe jeder Christin und jedes Christen ist die Beauftragung dazu, die Dienste der Kirche den Menschen begleitend, tröstend und stärkend mit auf den Weg zu geben. Wir befinden uns mittlerweile im Modus der Ersten Hilfe, die Menschen brauchen.

Es kommt mir so vor, als ob die Kleruskirche den großen spirituellen Sehnsuchtsbrand der Menschen mit allen möglichen und unmöglichen Löschfahrzeugen und altem Personal behandeln will. Alles viel zu wenig und zum Teil höchst unprofessionell, menschen- und lebensverachtend. Manches Löschfahrzeug steht da und wäscht sich nur mehr selbst. Die Sehnsüchte der Menschen werden dabei nicht gestillt. Die Bischöfe übersehen ganz, dass oberhalb des Sehnsuchtsbrandes ein großer See mit Charismen, Fähigkeiten, Liebe und Trost darauf wartet, voll angezapft zu werden. Tun das die Bischöfe nicht, müssen wir selbst die Leitungen legen, uns selbst als Schalen und Leitungen zur Verfügung stellen. Nochmals: um Gottes und der Menschen willen. Der Mensch will an den Lebenswenden mit den Sakramenten gestärkt und getröstet werden. Bei Not sucht er Hilfe, Nächstenhilfe. Das ist, was erwartet wird. Professionell, persönlich, beziehungsorientiert und gottgetränkt. Wir Getaufte sind gefragt, unsere Fähigkeiten und Charismen jetzt gemeinschaftlich zu tun. Tun und dem Bischof davon erzählen. Nicht fragen und warten. „Ich muss nicht alles wissen. Ihr müsst nicht alles nachfragen." Ein sehr brauchbares und hilfreiches Wort meines Bischofs, das ich mit eigenen Ohren gehört habe. Das Leben wird am Boden gelebt, nicht in den kirchenrechtlichen und liturgischen Verengungen und Spitzfindigkeiten. Verantwortliche und Gestalter in sozialen Lebewesen sollten mit viel Freimut und dem Blick auf das Gemeinsame Gesetze und Vorschriften weit lesen. Was ist möglich, ist die leitende Frage und nicht: Was ist erlaubt? Mit Freimut lassen sich im Kirchenrecht fast unendlich viele Wege und Möglichkeiten ausfindig machen. Die Diözese Linz ist hier eine Zeit lang mutig vorausgegangen. Mit Angst vor Veränderung und Angst vor persönlicher Verantwortung wird die Auslegung immer „eng“. Diese mutigen Prozesse erfordern ein großes persönliches Lebensengagement, ein tiefes Hinhören auf den sozialen Körper der Vielen und eine starke Resilienzkraft in den Diensten der Vielen. Hinhören, ganz Ohr werden, hineinspüren in die inneren Dynamiken des Lebens wird nicht einfach von einer Stunde auf die andere zur Grundhaltung werden können. Zu lange sind wir in die falsche Richtung unterwegs gewesen. Aber umdrehen und beginnen sollten wir spätestens jetzt. Und der Corona-Virus hat hier ein kollektives Lernen angestoßen.

In meinem Dreiraummodell schlage ich sieben „Klangschalen“ an, die aus meiner Erfahrung, aus meiner Lebenssichtweise und aus der angesammelten Expertise „good vibrations“ auslösen, einen positiven Spirit und damit Lebendigkeit und Begeisterung entfachen. Neue Wege und Pfade machen sich so wie von selbst auf. Wirkkraft, Wirkmächtigkeit ist uns in der Bevollmächtigung zum Leben, für Christinnen und Christen in der Taufe, zugeworfen, zugemutet, hineingelegt. Du kannst, wenn du willst. Es muss nicht alles auf null hin erodieren. Sehr schön zeigt das immer das Wörtchen „noch“. Das passiert nur, wenn wir ängstlich warten, bis vielleicht ein anderer kommt, der dafür von oben zuständig gemacht wurde. Wir können einander verlebendigen, ein sozial-ökologisch-spiritueller Körper werden, an dem die Menschen mit uns und um uns Freude haben, Geschmack auf ein gutes Leben aller entwickeln, sich selbst und einander aufrichten.

Was braucht es?

Schale eins erklingt: Raum, Freiraum und Begegnung

Ich betrete den Kirchenraum der Urfahraner Stadtpfarrkirche. Diese Pfarrgemeinde in Linz an der Donau hat Glück. Sie ist neben Pfarrkirche auch Jugendkirche Grüner Anker. Damit verwandelt sich der Kirchenraum mit jedem Projekt der Jugendlichen. Ein Team von Jugendlichen gestaltet, modelliert. Wandlung, Verwandlung gehört zum Höchsten in der Kirche. Siehe Eucharistie. Der Raum ist heute in ein Blaugrün getaucht. Der Techniktisch links neben dem Eingang erhöht, die Bühne quer zum Längsraum, die Scheinwerfer überall montiert. Die Sesselreihen warten auf Besucherinnen und Besucher. Der Kirchenraum ist zum Theaterraum mutiert. *Ein Sommernachtstraum* haben die über zwanzig bunt zusammengewürfelten Jugendlichen einstudiert. Heute ist es so weit: Premiere. Geschäftige Vibrationen liegen in der Luft. Eine wunderschöne Stimmung. In den adaptierten Nebenräumlichkeiten gibt es die Möglichkeit, ein Gläschen zu trinken, sich warm zu plaudern. Heute hat der Linzer Bischof Manfred Scheuer in der ersten Reihe Platz genommen, ebenso der diözesane Jugendverantwortliche und die Vertreterin des Bürgermeisters der Linz09-Stadt. Alles ist bereit. Ausverkauft. Bühne frei. Für die Besucherinnen und Besucher wird es ein vergnüglicher Theaterabend, viel zu lachen und zu bestaunen. Unsere ältere Tochter Teresa ist die Gesamtleiterin und hat bei der Begrüßung das Publikum eingeladen, „ruhig lebendig zu sein und Reaktion zu zeigen, weil das die jungen Leute, von denen viele erstmals auf der Bühne stehen, anspornt". Das Publikum war voll dabei, die Zeit verging wie im Flug. Am Schluss riesiger Applaus. Der Bischof springt gerne auf die Bühne für das gemeinsame Schlussfoto. Bravo. Bravo sagt auch der Kirchenraum, der von verschiedenen Lichtschattierungen durchflutet war. Die Leute gehen, alle Technik wird heruntergefahren. Vorne in der Kirche werden etwa 25 Sessel vor den Altar gestellt für die Frühmesse. Und ich denke: Das sind die Lieblingsräume Jesu, durchflutet mit Leben und dem Lernen in der Liebe.

In Salzburg treffe ich Günter Jäger von der Katholischen Hochschulgemeinde Salzburg. Er hält es aus seiner Erfahrung in der Studierendenarbeit für entscheidend, „Räume als Freiräume zur Entfaltung, zum Ausprobieren und zur absichtslosen Begegnung einfach und kostenlos zur Verfügung zu stellen". Wir sprechen darüber, „Gastgeberin zu sein für Bühne, Musik, Bewegung und für soziales Tun". Die Kirche hat viel Infrastruktur, die allerdings eher in die Vergangenheit hinein entwickelt wird, als Museen beispielsweise, oder aus Angst verschlossen bleibt. Günter erzählt mir, wie sich bei ihnen in der KHG eine pointierte Nachhaltigkeitsgruppe gemeldet hat. Sie wollten einfach ihre Räume nutzen, Filme anschauen, gemeinsam vegan kochen und sich darüber austauschen. Sie haben nicht verschwiegen, dass sie einer „sehr konsequenten nachhaltigen Lebenshaltung" anhängen und darin auch international vernetzt sind. Keinerlei kirchlicher Bezug. Sie suchen einfach nur Räumlichkeiten. Die KHG war bereit, ihnen den benötigten Platz mit der wöchentlichen

Nutzung der Küche zu geben. Günter erzählt diese Erfahrung deshalb, weil ausgehend von dieser Gruppe in der KHG die Frage des persönlichen Lebensstils virulent wurde und als Thema bei allen anderen Gruppen angekommen ist. Mit dieser Gruppe sind neue Lebenszugänge hereingekommen. Die Gruppe selbst hat sich auf der anderen Seite mit den Grundideen und dem Anliegen der KHG auseinandergesetzt. Und genau das braucht ein christliches Leben: Raum und neue Ideen für lebendige Auseinandersetzungen. Das Zusperren so vieler Räume halte ich persönlich sogar für eine schwere Sünde, eine Absonderung vom gemeinsamen Auftrag, vom Gemeinwesen, von der Grundidee von Kirche. Die Urfahraner Stadtpfarre ist, soziologisch betrachtet, überaltert. Durch dieses „Raum geben" an junge Menschen nehmen sie sich ihre eigene Zukunft herein. Sie haben „Nachkommen, halt etwas andere". Bei den Auseinandersetzungen um die Vergabe der vorhandenen Ressourcen ist es in Folge oft nicht einfach, weil das Bestehende so bestehen bleiben will, ohne sich wandeln zu müssen. Da werden beispielsweise vorhandene Gelder viel lieber für die Restaurierung einer Orgel ausgegeben, anstatt sie einzusetzen für eine zeitgemäße Musik in den Liturgien, in denen sich Jugendliche genauso finden können. Ich denke da an bezahlte junge Kirchenmusiker oder Kompositionsaufträge für neue Kirchenmusik.

Ein Blick nach Uganda, wo viele Kirchenräume „multipurpose rooms" sind, kann unsere verengten Denkweisen weiten helfen. Bei uns gibt es zu viel exklusives Allein-Anspruchs-Denken, das viele kirchliche Organisationen und Einheiten in ein selbst gewähltes Ghetto führt. Das wird am Anfang nicht als Ghetto wahrgenommen, weil das alte Umfeld noch mitgetragen werden kann. Es fehlen aber die Jungen. Die Schuld für das Fehlen der Jungen geben sie der „säkularen Welt" oder den heutigen Umständen. Spätestens bei der Fastensuppe der pfarrlichen Frauengruppe müssen sie erkennen, dass das Leben in den Ruinen ihrer Gewohnheiten für niemanden mehr anziehend ist. Es sind die da, die ohnehin in den letzten 30 Jahren da waren. Zuerst einmal gut so. Doch wohin? Trotz der misslichen Lage lassen solche Gruppen im Grunde nur ihresgleichen gelten. Diese „multipurpose rooms", von denen mir eine Ordensfrau begeistert erzählt hat, bringen immer wieder die unterschiedlichen Lebensfacetten ins Spiel, lassen sie aufeinanderprallen oder finden Brücken zueinander, befruchten und beflügeln einander. Dort selbstverständlich.

Wer die Stadt Linz an der Donau kennt, weiß vielleicht, dass die Tabakfabrik durch die erwartbaren Folgen der Privatisierung zum Leerstand wurde. 80.000 Quadratmeter Fabrikfläche aufgeteilt auf sieben Stockwerke waren 2010 mit einem Schlag verfügbar. Das Haus denkmalgeschützt. Damals war ich bei einer öffentlichen Diskussion „Wie geht es mit der Tabakfabrik Linz weiter?". Bei der Diskussion wurde allerdings immer eine andere, viel wichtigere Frage hochgehalten: „Was braucht die Stadt Linz für die Zukunft?". Also: Nicht das Gebäude war die erste Frage, sondern das Bedürfnis und die Zukunft der ganzen Stadt, der Menschen und Einrichtungen dieses Gemeinwesens. Damals wusste ich noch nichts von meiner späteren Tätigkeit in Wien bei den Ordensgemeinschaften. Ich war für die Vernetzung und Entwicklung der pastoralen und sozialen Angebote in der

Stadt Linz zuständig. Mit dem Begründer der New-Work-Bewegung Frithjof Bergmann habe ich meine damalige Idee von einem säkularen Kloster persönlich besprochen. Klöster und Ordensgemeinschaften haben zu ihrer Gründerzeit genau diese Frage beantwortet: Was brauchen die Menschen jetzt für die Zukunft? Sie haben Kunst und Kultur geschaffen, zukunftsweisende Bildungsprozesse eingeleitet, die soziale Frage bearbeitet, immer neue Technologien entwickelt und ein neues Miteinander gepflegt. Sie haben Freiräume aufgemacht, um das Anstehende zu entwickeln und zu tun. Auch von Wohnungen in der Tabakfabrik war damals die Rede. Wer aus heutiger Sicht auf die Anfänge der neuen Tabakfabrik als kreativer Denk- und Handlungsfabrik zurückschaut, kann den Beweis führen. Weil die Stadt Linz mit unserem Steuergeld Räume als Freiräume offengehalten und sie nicht einfach dem ökonomisierten Markt ausgeliefert hat, konnte sich dieser Raum für Experimente und die konkrete Umsetzung politischer, gesellschaftlicher und sozioökonomischer Zukunftsmodelle entwickeln. Heute weltbekannt und oft kopiert.

Ein wenig schade finde ich, dass hier keinerlei kirchliche Aufgaben oder Einrichtungen bisher eingezogen sind, um genau in diesem Umfeld jesuanisch geprägtes christliches Leben mit einer gesunden und weltoffenen Spiritualität weiterzuentwickeln. Gerade die kreativen Köpfe und Prozesse in der Tabakfabrik wären Inspiration und Anforderung, um die Basic-Werte des Evangeliums neu in Erinnerung rufen zu können. Hier würden kirchliche Sprache, Symbolwelt und Rituale täglich in den Begegnungen mit manchen „Querköpfen“ abgeklopft, auf ihre Tauglichkeit für die Gestaltung einer gerechteren, nachhaltigeren und gesünderen Welt überprüft. Kirche wäre ausgesetzt. Wäre dort in der Fremde. Und genau in der Fremde ist Gott den Menschen immer wieder erschienen, entgegengekommen.

Wahrscheinlich liegt es in unseren Breiten auch daran, dass die Kirche selbst viele Gebäude und Möglichkeiten hat. Das sehe ich nicht als Belastung, sondern als riesige Chance – wenn geöffnet wird. Öffnet eure Räume für Überraschungen, für neue Menschen mit neuen und ganz anderen Lebensideen. Das fällt schwer. Wer besitzt, hälft fest. Besitz hält fest. Der Besitz besitzt schließlich die Menschen. Auch Ordensleute in ihrer Besitzlosigkeit. Sich zu öffnen fällt nicht nur kirchlichen Milieus schwer, sondern genauso Verantwortlichen anderer Organisationen und anderer sozialer Lebewesen. Fußballplätze bleiben geschlossen, Bühnen unbespielt, Räume ungenutzt. Eine Ordensoberin meinte einmal zu mir: „Wir haben keine Kraft mehr, das für andere herzurichten und aufzumachen.“ Damals sagte ich ganz unvermittelt: „Sie brauchen nur den Schlüssel hergeben. Aufsperren und herrichten können das die Leute selbst.“ Sehr große Augen. Es blieb geschlossen. Wäre ich Abt oder Oberin in einem Kloster mit Ressourcen wie Grund und Häuser, ich würde das sofort nutzen lassen oder in unmittelbarste Nähe zur Klostergemeinschaft einem generationenübergreifenden Co-Housing-Projekt Platz und Raum geben. Sogar in einem Stiftshof. Das würde beleben, Leben bringen.

Schale zwei erklingt: Nur Personen beleben wirksam

Das Telefon läutet. „Wo bist du gerade?“, fragt mich meine Schwägerin Christine. „Wieso?“ Ihre Stimme war anders, aber irgendwie doch gefasst: „Ich muss euch etwas sagen. Heribert ist heute vormittags ganz plötzlich auf der Schipiste umgefallen – und verstorben.“ Mein Atmen setzt aus. Ich ringe nach Luft. Heribert ist mein jüngerer Bruder. Mein Blick geht am Ahornbaum entlang nach oben in den Himmel. Unmöglich. Er war doch so voller Energie und Tatendrang. Ein Pionier in allen Gassen. Kein gesundheitliches Anzeichen in diese Richtung. Wir reden noch miteinander, soweit man in dieser Situation überhaupt reden kann. Vielmehr Schweigen und ein gedankliches und spirituelles Zusammengehen. Ich lege auf, umarme meine Frau Gerlinde. Wir halten einander lange fest und weinen los. Nachher brechen wir zu meiner Mutter auf, um ihr diese Botschaft zu überbringen. Das Weinen nimmt sich seinen Platz. Ein Schlag. Das Schicksal erleben wir in diesem Moment als brutal und rücksichtlos.

So etwa stand es in meinem Blogeintrag, den ich einen Tag später am 21. Feber 2020 online gestellt habe. Innerhalb kurzer Zeit wurde er weit über zehntausend Mal angeklickt und gelesen. Mein Bruder war mir in vielen Dingen ein Kompagnon. Unsere Wege haben sich oft weit voneinander entfernt gefunden. Er war im besten Sinne ein „Anpacker“, ein „sturer Pionier“, wie ihn sein Sohn Stefan in seinem Nachruf genannt hat. Ein „ermutigender Ermöglicher“. Beim Begräbnis habe ich die Urne in den Waldfriedhof hinaufgetragen, mein älterer Bruder Josef das Vortragekreuz. Meine Hände bilden eine

Schale für die Urne mit den leiblichen Überresten. Gemeinsam gehen wir. Reden können wir nicht mehr mit ihm, nicht mehr diskutieren oder treffliche Auseinandersetzungen führen. Er ist still geworden und lässt uns mit seinem Wirken und seinen Früchten zurück. Sie werden erst im Laufe der Zeit sichtbar werden. Überall hat er seine Pionierideen gestreut. Er war in vielen Fällen ein Prophet, ein Hervorsager. Manche taten sich schwer damit. Die Verantwortlichen fühlten sich manchmal bedrängt. Wer mit ihm zu tun hatte, wurde herausgefordert.

Beim Hineingehen in den verschneiten Friedhof gehen wir am Mittelweg an der Steinmauer entlang, die er mit einigen Männern aus dem Dorf neu errichtet hat. Den Beton dafür haben wir damals beim Pfarrzentrumsneubau „abgezweigt". Die Steine hat er zusammengesammelt. So entstand der naturnahe Grasweg zwischen den Gräbern. Er hat immer eine Lösung gesucht, die im Sinne des Gemeinwohls war. Eigennutzen war ihm fremd. Und er hat diese Lösungen selbst getan, zumindest tatkräftig mitgeholfen. Tun war seine Leidenschaft. Mit anderen und für andere. Hier sind viele Dinge anzuführen, ob in der Familie, in seiner beruflichen Tätigkeit und genauso im Bergdorf und weit darüber hinaus. Solche Menschen wie meinen Bruder gibt es nicht viele und eine Organisation, ein Gemeinwesen, ein soziales Lebewesen darf sich glücklich schätzen, solche Frauen und Männer unter den ihrigen zu haben. Solche Personen haben einen inneren Duktus, der sie verbindet. Würde ich drei Aussagen über meinen Bruder für die Nachwelt sagen müssen, dann wären das diese drei: „Bequemlichkeit ist kein Zauberwort. Eigennutzen war ihm fremd. Tun war seine Leidenschaft."

Eine unglaubliche Zeit war beispielsweise rund um den Abriss und Neubau des St.-Anna-Pfarrzentrums, das ich schon mehrmals erwähnte. Mir war zusammen mit Hannes Prammer die Bauherrenaufgabe übertragen. Bei der Abrissparty stand Heribert mit dem Schremmhammer auf der Bühne und ermutigte alle, fest mitzuhelfen. Dass beispielsweise die Akustik im neuen Saal heute so fantastisch ist, ist seinem Drängen nach Akustikmaßnahmen zu verdanken. Extra hat er seinen Arbeitskollegen Hans Kaltenberger hereingeholt mit seiner Expertise, die er uns sogar geschenkt hat. Er hat die Dinge immer bis zum Schluss durchgedacht. Ihn haben Menschen geärgert, die glaubten, eh alles selbst zu wissen, und die Expertinnen und Experten nicht brauchten. Er hat die kommenden Themen gerochen, erschnüffelt. Weit über zehn Jahre ist es her, dass er in unseren zahllosen familiären Diskussionen bei den sogenannten „Sippschaftstreffen", die wir drei Mal im Jahr zu Allerheiligen, Weihnachten und Ostern in den jeweiligen Familienhäusern abhalten, das Wort Lichtverschmutzung eingestreut hat. Eingestreut hat bei Heribert immer geheißen, dass er uns überzeugen wollte, dieses Faktum zu verstehen und ab jetzt als Botschafter aufzutreten, mitzuwirken. Keiner hat damals von Lichtverschmutzung gesprochen. Heute ist das Bergdorf Kirchschlag eine Vorzeigegemeinde bei der örtlichen Straßenbeleuchtung, die uns jetzt den Sternenhimmel besser sehen lässt. Amateurtheater, Musikkapelle, Gemeinde, Pfarre, Umweltabteilung des Landes Oberösterreich bis hin zum neu errichteten Waldkindergarten, der ihm und seiner Frau Christine im Bergdorf selbst verwehrt wurde, sind ihm bekannte

Aktionsfelder. Freund Rainer Lenzenweger aus dem Nachbarort hat sehr treffend geschrieben: „Heribert gehört zu jenen Menschen, die in Heimatbüchern, bei Ehrenauszeichnungen in der Gemeinde oder Ähnlichem gar nicht oder nur als Randnotiz vorkommen. Dabei sind gerade sie die eigentlichen Motoren oder der Kitt in einer Ortsgemeinschaft. Sie erscheinen vielen unbequem und müssen viel Kritik aushalten." Das kirchliche und spirituelle Leben war ihm ein besonderes Anliegen. Seine Bassstimme im Chor erklang nicht nur in der Kirche, sondern auch beim sogenannten „Nochisinga" nach den Chorproben in gemütlicher Runde. Seine Dienste als Lektor und Kantor hat er aufgenommen, nachdem wir sie ihm zugemutet haben. Den Pfarrwald hat er mit der Motorsäge und Neubepflanzungen gehütet. Seine Frau Christine und er haben im Vorjahr die Firmlinge auf dieses wichtige Sakrament des Erwachsenwerdens originell und tiefsinnig vorbereitet. In vielen Diskussionen und Gesprächen hat er sich allerdings vehement an der klerikalen Männerkirche abgearbeitet. Gerade die Pfarrgemeinschaft wollte er in allen Dimensionen lebendig sehen. Nachdem er im Theaterstück *Ente, Tod und Tulpe* mit seiner Enkelin Noelie zusammen auf der Bühne war und den Tod gespielt hat, hat er manchmal drei Wünsche für sein eigenes Sterben fallen lassen: „Umfallen und tot sein. Ich will verbrannt und kirchlich von einer Frau begraben werden." Die Pastoralassistentin Magdalena Froschauer hat das Begräbnis wunderschön gestaltet. Mir selbst gehen angesichts dieses „nahen Sterbens" immer wieder die Worte von Meister Eckhart durch Kopf und Herz: „Die wichtigste Stunde ist immer die Gegenwart, der bedeutendste Mensch ist immer der, der dir gegenübersteht, und das notwendigste Werk ist immer die Liebe."

Solche Menschen sind meine Klangschale zwei. Sie inspirieren die Räume gemeinschaftlichen Lebens, reinigen von Selbstbezogenheit und lassen diese leidenschaftliche Begeisterung wachsen. „Du kannst das, ihr könnt das." Diese motivierende Zusage von der älteren Generation kann nicht oft genug in den Räumen und Zwischenräumen für Jüngere erklingen. Oft musste ich in meinen Wiener Ordensjahren an die jeweiligen Ordensgründerinnen oder Ordensgründer denken. Es waren Menschen, die eine tiefe Widerstandsfähigkeit gelebt haben. „Resilienz" ist heute ein Zauberwort geworden. Resiliente Menschen und Gruppen bleiben nach Rückschlägen oder Schicksalsschlägen nicht liegen, sondern stehen wieder auf und suchen einen neuen Weg. Mag das Desaster noch so groß sein, diese Menschen und Menschengruppen heben die Augen und rappeln sich auf, beginnen sich wieder zu bewegen. Dass heute kaum Ordensgründungen vorkommen, hat damit zu tun, dass das kirchliche Milieu alles Widerständige oder Desaster-ähnliche ausgetrieben hat. Dazu kommt: „Die Besten haben die Gemeinschaften verlassen." In mir schwingt die Aussage von Konstantin Wecker nach, den ich im Stift St. Florian getroffen habe: „Fast täglich werden Ordensgemeinschaften gegründet, aber nicht in der Kirche." Warum, frage ich ihn. „Dort ist das oberste Thema Selbsterhaltung." Und Ordensgründungen folgen einer anderen Logik: Wo Desaster ist, dort sammeln sich jene Menschen, die gemeinsam den Weg hinaus suchen. Ordensspitäler, Ordensschulen, Sozialinitiativen bis hin zu kontemplativen Gemeinschaften entstehen als Antwort auf die Not hier und jetzt. Diese Menschen interessieren sich weniger für sich selbst, können eigene Schwächen zugeben, Hilfe annehmen und pflegen wirkliche Freundschaften. Verbundenheit, die zu Verbündungen führt. Sie können die eigenen Möglichkeiten gut steuern, andere mit hereinnehmen und sehen sich nie als Opfer, sondern als Gestalter oder Gestalterinnen in genau diesem Umfeld. Sie sehen den offenen Spielraum und können ihn ganz ausnutzen. Sie leben direkt am Lebenssinn und haben Ziele, die ihnen die Richtung geben. Sehr entscheidend ist, in den Rückschlägen, in den Querschlägen das Positive, die andere Seite des Lebens sehen und annehmen zu können. „Es ist gut, es wird gut, ich bin darin wertvoll", sagt ihnen immer wieder ihr tiefes Urvertrauen, das sie zu einem aufrechten, aufgerichteten und gewaltfreien Gang durch das Leben ermuntert. Auf Rückschläge antworten sie nicht mit Trübsal, Selbstzweifel oder einem grantelnden Opferstatus. Ein klarer Geist, ein freudvolles Herz und tatkräftige Hände sind der Klang solcher Menschen. Genau solche Menschen sind ein besonderes Geschenk. Immer und überall.

Schale drei erklingt: Das Leben als Ellipse denken

2004 bin ich erstmals weit gegangen. Wirklich weit, von Bregenz durch ganz Österreich nach Rust am Neusiedlersee. 28 Tage lang ganz alleine über 800 Kilometer. Damals ist in mir die Erkenntnis gewachsen, dass Weitgehen heilsam ist. Und ein anderes Lebensbild hat sich Tag für Tag immer mehr bestätigt. Das Leben ist wie eine Ellipse zu sehen, zu denken, zu konstruieren, zu leben. Die Menschen sind normalerweise immer auf der Suche nach dem einen Mittelpunkt, um den sie herum ihre Lebenskreise kleiner oder größer ziehen können. Dieser eine Punkt ist verführerisch. Wer ihn vermeintlich gefunden oder festgelegt hat, kann verkümmern. Meine Erfahrung ist: Das Leben hat immer zwei Brennpunkte. So wie die Ellipse. Wer mit Bleistift, Zirkel und Lineal auf Papier eine Ellipse zeichnet, wird feststellen, dass es einiges an Konstruktionswissen braucht, um die Ellipse zu Papier zu bringen. Entscheidend dabei sind die Brennpunkte, die Achsen, die Schritte nacheinander, mit denen die geschwungene elliptische Linie entsteht. Da sind Hilfslinien notwendig, mehrmaliges Einstecken des Zirkels. Am Ende braucht es eine feine Hand, die freihändig die Ellipsenlinie abschließt. Genau das macht es für mich so ansprechend, weil zur Fertigstellung Handarbeit nötig ist. Das Leben ist nicht einfach eine runde technische Angelegenheit von Einstechen, Radius einstellen und im Kreis herumfahren. Nein, das Leben verlangt eine schrittweise Beziehungsarbeit zwischen und mit den Brennpunkten.

Zurück auf meinen Weg durch Österreich. Jeden der Tage habe ich mir ein „Brennpunkt-Paar“ zur Meditation vorgenommen. Beim Gehen braucht es einen linken und einen rechten Fuß. Ich gehe zwischen Himmel und Erde. Der Weg teilt sich in kommende und schon gegangene Wegstrecken. Der Mensch lebt zwischen Vergangenheit und Zukunft. Wir sind als Frau und Mann unterwegs, als Eltern und Kinder, als Mensch und Gott, in Glück und Trauer, alleine und gemeinsam. Diese Paare sind mir begegnet, wurden mir wichtig und vieles hat sich geklärt. Selbst wenn ich Gott als Mittelpunkt von allem denke, entspricht es nicht der Sehnsucht Gottes, die selbst wieder zum Menschen geht. Gott ist Mensch geworden, in existenzielle Beziehung getreten. Gott ist Beziehung und diese Beziehung ist die entscheidende Realität, die Geistkraft. Nicht „entweder–oder“, sondern „und–und“. Wer seine Lebens-Ellipse lustvoll konstruieren will, deren oder dessen Hauptwerkzeug ist das „und“. In Cornwall durfte ich zusammen mit meiner Frau vierzehn Tage am Coast Path unterwegs sein. Es war ein wunderschönes Dahinwandern am Saum der Insel immer zwischen fluid und kristallin. Selbst bei den Ordensgemeinschaften war mir die Ellipse im Verhältnis von Frauen- und Männerorden eine unglaubliche Hilfe. So war es möglich, dass sie nicht mehr nebeneinander, sondern im Suchen miteinander, in einer schönen Spannung von zwei Brennpunkten unterwegs waren. Es ging nie etwas ohne den oder die anderen. Das empfinden manche als Bremse, ist aber bei genauem Hinsehen eine unglaubliche Bereicherung. Auch in der Ehe oder eheähnlichen Beziehungen bleiben wir hoffentlich in einer Ellipse, die den Wert und die Wichtigkeit des je eigenen Brennpunktes wertschätzt und kultiviert. Diese beiden individuellen Leben finden sich immer wieder im „und“. Treue ist aus meiner Sicht weniger das Eins-sein, sondern das Und-sein nie zu verlassen, immer gemeinsam zu konstruieren, zusammenzusuchen und sich wieder finden im größeren Gemeinsamen, der Ellipse. Bei den Ordensgemeinschaften habe ich beispielsweise in der Kommunikations- und Medienarbeit immer von „Netzmarke“ gesprochen. 195 verschiedene Ordensgemeinschaften, 23 Ordensspitäler, 250 Ordensschulen und viele andere Einrichtungen und Initiativen leben in Verbindung, in einer

Verbündung. Den „Dachmarken“-Denkern (das sind vorwiegend Männer) war das hierarchische Drüberstehen wichtiger als das auf Augenhöhe miteinander Verbunden-sein. Dachmarke ist der eine Punkt, auf den alle schauen sollen, der gut erkennbar ist. Dort denkt man hierarchisch. Netzmarke betont die Beziehungen, das Beziehungsgeflecht auf Augenhöhe, das Blut, das fließt. In der heutigen durch und durch hierarchisch geprägten Marken- und Medienwelt bin ich mir mit meinem Denken oft wie ein Fremdkörper, ein fremder Denkansatz vorgekommen. Mir war und ist allerdings immer das Jesuswort wichtig: „Bei euch soll es aber anders sein.“ Das Anders-sein ist nicht einfach zu leben. Dabei ist gerade die Ellipse jenes Denkmodell, dass das Anders-sein braucht, sucht, ja erfordert. Immer bleibt die Frage im Raum, wenn sich alle sehr einig sind: Wo ist der zweite Brennpunkt? Diese Frage ist konstitutiv und lebensgrundsätzlich. Es ist nicht gut, wenn ein Punkt alleine das Leben konstruiert. Ich finde es daher schön, dass Papst Franziskus von Beginn an die Menschen gebeten hat, für ihn zu beten. Dem Papst ohne das Volk Gottes würde der zweite Brennpunkt fehlen.

Wenn ich mich heute in der Pfarre St. Markus in Linz als Theologe einbringe, dann deshalb, weil ich dort das elliptische Denken als Grundlage erlebe. Ein verheirateter Pfarrassistent ist die kirchenrechtlich leitende Person (für Insider: CIC, can. 517 §2). In der Diözese Linz seit mehr als 25 Jahren gelebte Praxis. Die Verantwortung liegt bei der Pfarrgemeinde und dort in vielen Händen. Das hat eine sehr lebendige Beziehungsgemeinde hervorgebracht, auch in den liturgischen Formen. Ich durfte selbst mit großer Freude bei der Osternacht dabei sein, die mangels Priester ohne einen geweihten Mann wunderbar gefeiert wurde. Ich betone: alles innerhalb der liturgischen Ordnung für so einen Fall. Es war lebendig, die Kirche übervoll, die Stimmung nährend und das Osterhalleluja tief geerdet. Die Osterwünsche nach der Osternachtfeier ergreifend. Das Leben hat den Tod bezwungen. Das war zu spüren und zu greifen. Zu Weihnachten hat der Pfarrassistent Matthias List in seiner Predigt von der Musik gesprochen, die in Gegensätzen gespielt wird. Mein Gedanke war weniger bei den Gegensätzen, sondern den Brennpunkten der Ellipse. Er hat von den weihnachtlichen Wirklichkeitspaaren „kleines Kind und großer Gott“, von „stille Nacht und den Jubelliedern“, von der „dunklen Nacht und dem hellen Schein“, von den „einfachen Hirten und den reichen Königen“, vom „Stall und dem Himmelsthron“, von „Zeit und Ewigkeit“ gesprochen. Die Musik lebt von den Schwingungen. Ein Ton entsteht in der Spannung von zwei Anhaltspunkten einer Saite. Aus dieser Beziehung heraus klingt ein Ton und zusammen die Musik. Matthias gelingt es wunderbar, diese seine Pfarrgemeinde zum Schwingen und Klingen zu bringen aus den darin enthaltenen Beziehungen. In dieser Pfarrgemeinde werden Flüchtlinge im Glauben unterrichtet in Vorbereitung auf die Taufe und haben jene beeinträchtigten Menschen der Lebenshilfe Platz. Dort sind Alt und Jung zu finden und in der Kinderkirche haben Kinder ihren Platz. Es ist schön anzusehen und mitzuerleben (und manchmal auch selbst etwas beizutragen), wie die Menschen einen anpackenden Lebensduktus entwickeln. So geht Beziehungskirche. Mit Statusgehabe hat das nichts zu tun.

„Wenn der liebe Gott mir nur zwei Worte zugestehen würde, um die Herausforderungen der heutigen Zeit im kirchlichen, aber genauso im gesellschaftlichen Kontext zu beschreiben, dann wären das: Mut und Synapsen." Das habe ich 2015 einem Freund geschrieben angesichts der sich bewegenden Zeiten. Mut verbinde ich mit der Kraft, persönlich Verantwortung zu übernehmen für meine und gemeinsame Schritte in die Zukunft. Synapse sagt uns, dass Wirklichkeit und Identität in der Verbindung, in der Anschlussfähigkeit liegen. Die Identität des Baumes liegt nicht nur in der Wurzel, sondern genauso in der osmotischen Anschlussfähigkeit zur Umgebung, zu Licht und Luft. Synapsenfähigkeit ist eine besondere Fähigkeit von Menschen. Es ist die dauernde Denkleistung. Deshalb habe ich in den letzten Jahren das elliptische Denken immer mit den synaptischen Wirklichkeiten verbunden. Wer heute von einem Baum spricht, spricht fast immer von der Wurzel, davon, woher und worin wir wurzeln. Kaum jemand spricht von der Osmose, der Licht- und Luftanschlussfähigkeit. Gerade in kirchlichen Milieus ist der „Wurzelfokus" weit verbreitet, wird exzessiv zelebriert und es herrscht Angst vor neuen Synapsen, Verbindungen hin zum Licht von heute. Gerade das Andere, das Fremde, das Ungewöhnliche, das uns schwer Herausfordernde macht uns lebendig, vertreibt Bequemlichkeit und Gewohnheit. Gerade hier setzt Wandel und Transformation an. Es braucht daher in christlichen Milieus weniger Wurzel-, sondern mehr Synapsenspiritualität. Beziehung heilt. Das Ellipsen- und das Synapsendenken sind aus meiner Sicht konstitutiv zukunftsträchtig.

Schale vier erklingt: Widerstand als besondere Lebensdynamik

„Wir leben in Europa brutal über unsere Verhältnisse. Ein großer Prozentsatz der angeblich arbeitenden Bevölkerung bringt keine physische Produktivität hervor, sondern verarbeitet Informationen und erbringt sogenannte wissensintensive Dienstleistungen und bewegt sich dabei selbst in immer höherem materiellen Wohlstand. Die Drecksarbeit wird an ökologisch ruinöse Produktions- und Mobilitätssysteme oder asiatische Länder ausgelagert. Diese ‚Bequemokratie' bricht schon jetzt an den südlichen Rändern Europas zusammen." Der Ökonom Niko Paech analysiert so vor Corona: „Weniger materieller Wohlstand ist kein Verzicht, sondern bedeutet, die Gesellschaft von der Wohlstandsverstopfung zu befreien. Das bedingt eine Steigerung der Resilienz (Widerstandskraft) und Krisenrobustheit. Weniger kommerzielle Arbeitszeit, mehr Handwerk, mehr Selbstversorgung sind einige Elemente einer notwendigen neuen Zukunftsökonomie, die nach dem Wachstum kommen muss." In Wien und Berlin habe ich Paech zum persönlichen Gespräch getroffen. Er wünscht sich viel mehr Widerstand aus dem „kirchlichen Eck" gegen eine „Zuvielisation", wie er es nennt. Im kirchlichen Milieu sieht er viel Humus in den Einstellungen und Lebensweisen für eine „subsistente, nachhaltige und gerechte Lebensweise, die ein neues Glücksverständnis als Basis hat". Oft frage ich mich selbst: Wer steht auf und hält dagegen, wenn alles so wunderbar und bedeutend hineinwächst in immer mehr Konsum und Konsumgüter? Ein Virus hat nicht nur in

Österreich ab dem 15. März 2020 das Leben radikal stillgelegt. „Der Zauberstab des Wachstums um Immer-Mehr ist am Ende." Das Ende der Megamaschine (Fabian Scheidler) deutet sich recht klar an. Die laufende Geldökonomie kombiniert mit dem Wachstumsparadigma fährt an die Wand. Corona wird hoffentlich als Wink verstanden. Weite Teile Europas sind im Stillstand. In der biotischen Denkweise sollten wir der Krise Raum geben, damit sie ihre Wirkung entfalten kann. Natürlich sozial abgefedert durch ein Grundeinkommen. Die besondere Frage ist, wie die Krise von den Regierenden und Mächtigen interpretiert wird und was nach der Krise ist. „Hochfahren" ist das Zauberwort, das einen verfänglichen Klang entfaltet. Das alte System wird mit noch mehr Anstrengung, Energie und Effizienz hochgefahren? Wer denkt das neue solidarische, partizipative und demokratische Europa? Wer bringt das klima- und mitweltgerechte Denken in die Mitte? Thomas Piketty geißelt immer wieder die himmelschreiende Ungleichheit in der Gesellschaft und verlangt die Besteuerung der Einkommensmillionäre mit 80–90 %. Es gibt zu viele undemokratische Entscheidungen hinter verschlossenen Türen. Es regieren Konzerne mit ihren Lobbys. TTIP und CETA sind beispielsweise Spielbretter, die beschlossen werden sollten ohne Beteiligung der Parlamente. Die liberale Demokratie hat ihre Selbstverständlichkeit eingebüßt. Hier braucht es massiven Widerstand, damit das Spiel auf Kosten von Milliarden Menschen nicht ungestört weitergeht. Da braucht es laute Stimmen aus dem zivilgesellschaftlichen und somit auch viel mehr aus dem kirchlichen Milieu.

Demokratie und Partizipation sind Schlüsselbegriffe, um nicht in sanfte digitale Diktaturen abzugleiten. Das ist nicht selbstverständlich angesichts der fast lautlosen Etablierung eines mehr oder weniger sanften Populismus, der trennt, statt eint, Unterschiede vergrößert, statt überbrückt und Menschenrechte aushöhlt, anstatt sie als Basis zu schützen. Mitbestimmen und Transparenz sind zentral. Im Großen wie im Kleinen. Die neue Solidarische Ökonomie braucht eine intensivere Verknüpfung, eine „gemeinsame wahrnehmbare Stimme" und mehr „Sichtbarkeit nach außen". Die Menschen sehnen sich als soziale Wesen nach dieser Art des Wirtschaftens. „Gemeinsam schaffen wir das", und nicht „Wo kann ich am meisten herausholen?" Es gibt tolle Projekte. Die „Mächtigen" sehen sie nicht, wollen sie nicht sehen. Nach der wirklich kalten Zeit von Papst Benedikt XVI. ist es gut, dass Papst Franziskus immer wieder klar im Widerspruch, im Widerstand zu diesen menschen- und umweltverachtenden Strukturen auftritt. Das ist neu mit ihm gekommen, mit Kraft und öffentlicher Wirkmacht. Es war für mich berührend, als der brasilianische Staatssekretär für Solidarische Ökonomie Paul Singer 2016 in Berlin vor uns spricht und erzählt, wie die Kirchen dort federführend in diese Richtung tätig sind oder waren. Er bedauert: waren. Bei mir denke ich, dass es eigentlich ein großer Fehler war, dass Johannes Paul II. die Befreiungstheologie umgebracht und so den marktkonformen Freikirchen das Feld geöffnet hat. Diese Einschätzung habe ich im persönlichen Gespräch Paul Singer gesagt. Er lächelte und nickte. Jetzt gleitet die katholische Kirche in Südamerika ins Abseits. Die Widerstandskraft ist erlahmt.

Die Bischofsernennungen der letzten 25 Jahren waren „herrscherfreundlich". Wer 2020 einen ungeschminkten Blick nach Südamerika tut, sieht das allseits gewachsene Desaster der Ungerechtigkeit, nochmals angetörnt durch Covid-19.

Selbst in der Lokalpolitik ist diese investorenfreundliche Linie angekommen. Das hat mich bewogen, 2020 eine Bürgerinitiative mitzubegründen als Widerstand gegen ein anstehendes Ortsbilddesaster im Dienste eines Investors. Dieser allgegenwärtige Mammon braucht inneren und äußeren Widerstand. Und genau dieser Widerstand ist eine besondere Dynamik des Lebens. Das Evangelium ist voll davon. Der frühere Abtprimas der Benediktiner Notker Wolf spricht im 20. Stockwerk eines Bankgebäudes im ersten Bezirk in Wien vor etwa 150 Wirtschaftsmanagern. Es waren vorwiegend Männer, die verschiedene Konzerne leiten. Eindringlich gibt er ihnen einen Ratschlag mit auf den Weg: „Sollten Sie um sich im Vorstand oder in der Leitungsetage keinen konstruktiven Widerstand mehr spüren, dann organisieren Sie sich einen. Wo kein Widerstand, da kein volles Leben, da keine Zukunft."

Schale fünf erklingt: Staunen und danken

Nicht wenige Menschen haben den Eindruck, dass ihr Leben nicht ausgewogen ist, sondern am Wesentlichen vorbeiläuft. Eine dringende Aufgabe jagt die nächste. Es entsteht der Eindruck, dem eigenen Leben hinterherzueilen. Sehnsüchte wie Runterkommen oder Ausspannen haben Hochkonjunktur. Die Dinge, die wirklich wichtig sind, bleiben manchmal auf der Strecke. Ab Mitte März 2020 hat das Coronavirus alles stillgelegt. Weltweit. Alle Menschen mussten sich in einer äußeren „Distanzgesellschaft" zurechtfinden. Schule aus und nur das Wichtigste in den Geschäften. „Bleib daheim" war die Krisenbotschaft. Alle lebten in einer Art Warteposition. Das Leben in seiner beziehungsnackten Form muss bewältigt werden. Was vorher zu viel, ist jetzt wieder zu wenig. Der neue Alltag ohne jegliche Form der gewohnten Beziehungen und Tätigkeiten wie Arbeit, Schule, Freunde oder sogar Familie muss erst gelernt werden. Die Sehnsüchte nach Runterkommen wären zu 100 % erfüllt, wenn durch den Lockdown nicht neue Existenzängste durch Kurzarbeit, ausfallende Gehälter und unbetreute Kinder aufgekommen wären. Das überrascht und erwischt viele Menschen am falschen Fuß. Jetzt ist die Zeit für das, was der Jesuit Franz Jalics mit seinem „Übungsweg mit Prioritäten" zur Orientierung für einen staunenden und dankbaren Alltag zusammengefasst hat. Er spricht von fünf Prioritäten im alltäglichen Leben, die es zu kultivieren und zu pflegen gilt.

Die erste Priorität gilt dem *Schlaf*. Wer ausgeschlafen ist, hat bessere Laune, tut sich in der Arbeit, in Beziehungen und beim Gebet leichter. In Krisen hat sie oder er größere Kraftreserven, um diese zu bewältigen. Es ist notwendig, dem Körper ausreichend Schlaf zuzugestehen, um hellwach zu sein.

Die zweite Priorität gilt der *Bewegung*. Es ist wichtig, den eigenen Körper zu lieben, auf ihn zu achten und ihn mit gesunder Nahrung zu versorgen. Es ist notwendig, dem Körper die lebenswichtige Bewegung zu geben, die er braucht: Sport, Spaziergang, Dauerlauf, Gymnastik oder was es eben sein mag. Das betrifft ganz besonders Menschen, die ihre Arbeitszeit am Schreibtisch verbringen.

Die dritte Priorität ist das *Gebet*. Vom Johann Baptist Metz stammt das Diktum: „Die kürzeste Bedeutung von Religion ist Unterbrechung." Für Ignatius von Loyola, Begründer des Jesuitenordens, war das Gebet die wichtigste Zeit seines Tages. Es braucht Unterbrechungen, um Stille und Zeit für sich selbst zu finden. Zeit zum Meditieren ist hilfreich, um ein gutes Gleichgewicht zwischen Innen- und Außenwelt zu finden.

Die vierte Priorität ist die *Zeit für Mitmenschen*. Es ist wichtig, Beziehungen zu pflegen, Menschen in der Familie, in der Arbeit, in Freundschaften, in der Gesellschaft Zeit zu schenken. Es handelt sich dabei nicht um allzu viel Zeit, aber man muss sie ganz umsonst schenken, um gut zusammenleben zu können.

Die fünfte Priorität ist die *Arbeit*, die noch immer genügend Zeit einnimmt. Es ist wichtig, auf einen angemessenen Umfang zu achten und einer möglichst sinnhaften Tätigkeit nachzugehen. Andere Prioritäten dürfen ihretwegen nicht vernachlässigt werden.

Diese Prioritäten – genau in dieser Reihenfolge – wollen Körper, Geist und Seele in Balance halten. Die fünfte Priorität war in meiner Tätigkeit bei den Orden in Wien ganz weit nach vorne gerückt. Manchmal hat sie über gewisse Zeiträume „geführt". Nach sieben Jahren schaute ich dankbar auf diese Zeit und rückte meine Lebensprioritäten wieder zurecht. Das hieß Abschied nehmen und näher an die Familie und Beziehung zu meiner Frau rücken. Zu wenig habe ich dabei bedacht, dass mein Alltag bewusst und unbewusst von anderen Prioritäten geformt wurde. Maß und Balance sind mir manchmal entglitten. Erst ist es wunderbar und prickelnd, wenn die gelingende und wertgeschätzte Arbeit einen hohen Stellenwert bekommt. Das Gehen war für mich wieder zum Maß- und Balancebringer geworden. Mit David Steindl-Rast, der Dankbarkeit als die hilfreichste Grundtonalität des Lebens sieht, habe ich in einem persönlichen Gespräch meine Erfahrungen mit dem Weitgehen ausgetauscht. Ich erzählte ihm von meinem Hashtag #gehschenkteZeit, den ich immer verwende, wenn ich meine Bilder und Erfahrungen in den Social Media poste. Wenn ich gehend unterwegs bin, trägt mich nach kürzester Zeit das tiefe innere Gefühl, dass alles Leben Geschenk ist. Je länger ich gehe, desto mehr kommt zum Danken das Staunen dazu. Das Leben ist geschenkte Zeit. Wenn ich gehe: #gehschenkteZeit.

Gerhard Zach betreibt in Wien in der Wollzeile einen Buchladen. Er lädt immer wieder tolle Leute zu Lesungen und Gesprächen ein. Die anschließende Begegnung bei Wein, Brot, Wasser und Apfel gehört dazu. Bei so einer Begegnung habe ich Andreas Knapp persönlich kennengelernt. Bescheiden und unauffällig bewegte er sich, der „kleine Bruder vom Evangelium" aus Berlin. Er hat eine kirchliche Karriere als Regens und wahrscheinlich als Bischof über Bord geworfen und den einfachen, den kleinen, aber anspruchsvollen Weg in die Gemeinschaft, die Ordensgemeinschaft gesucht. Dabei wollte er den *Lebensspuren im Sand* nachgehen. Wie Charles de Foucauld verbringt er ganz alleine 40 Tage in der Wüste. Er liest an diesem Abend ruhig aus seinem Buch vor. Alle hängen an seinen Lippen. Seine Sprache ist so, dass im Kopf die Wüste, der Sternenhimmel, der Brunnen, die Stille entsteht. Mein Atem wird tief und frei an diesem Abend. Nach der Lesung kaufe ich das Buch, bekomme eine Widmung und wir tauschen unsere Erfahrung aus. „Weitgehen und Wüste haben ähnliche Wirkung“, meint er auf meine kurzen Erzählungen von meinen Weitgeh- und Pilgererfahrungen. Es ist das Alleine-sein-können. Es ist die Stille und der Kosmos. Die tiefe Dankbarkeit, die einen als Ganzen erfasst. Da zu sein genügt. Der Sinn dieser Zeit in der Wüste liegt gerade im Nichtstun. Wir sind gewohnt, in den Kategorien von Nutzen und Zweck zu denken. Viele Menschen erleben sich nur dann als wertvoll, wenn sie sich und den anderen durch ihre Arbeit beweisen können, dass sie von Nutzen sind. Deshalb ist der Produktionsmodus allgegenwärtig. Der Wert des Menschen liegt nicht im Nutzen, sondern in der Würde und im Da-sein: „Ich darf einfach da sein. Das genügt.“ Aus dem „Dauerproduktionsmodus“ auszusteigen, fällt dem Menschen am schwersten. Das überall ertönende „Leistungsträger-Denken“ macht es nicht einfach, dem wirklichen Leben auf den Grund zu kommen. Du bist nur etwas und wer, wenn du etwas leistest. Das Gehen und die Wüste, da waren wir uns einig, lehrt uns etwas ganz anderes. Ich bin einfach da. Selbst das Gehen ist für mich nie eine Leistung, sondern der tiefe Ausdruck der Welt- und Naturbegegnung. Die Wahrnehmung verändert sich. Das Staunen stellt sich ein. Propheten, Jesus, Franziskus und genauso Frauen, Eremitinnen gingen in die Wüste. 40 Tage. Nichts ist Gott ähnlicher als die Stille. Die Kraft der Stille ist unterschätzt und dem Menschen nicht einfach zugänglich. Das braucht ein Einüben, ein Üben und Zeit.

Schale sechs erklingt: Jesus ist lebendig

„Euren Jesus habe ich sehr schnell verstanden. Bei der Kirche hat das ziemlich lange gedauert. Da bin ich auch noch nicht fertig." Wir sitzen auf einer Parkbank im Volksgarten in Wien. Die Rosen beginnen zu blühen. Eine unglaubliche Vielfalt an Sorten. Ich könnte einen ganzen Tag riechen und staunen. Karl L. ist agnostisch aufgewachsen. Durch Zufall ist er bei einem interreligiösen Gesprächsabend gelandet. Im Gespräch nach dem Podiumsgespräch haben wir einander kennengelernt, blieben in Kontakt. Ich habe ihm dann die Broschüre der Ordensgemeinschaften *Quellen der Kraft* geschickt. Sie hat ihn begeistert. Diese Offenheit, die spirituelle Tiefe und Weite für jeden, hat ihn angesprochen. So ist er in das kirchliche Fahrwasser gekommen. In der Broschüre steht der Satz: „Christinnen und Christen glauben, dass Gott in der Person von Jesus zum Menschen geworden ist." Und diese Person hat begonnen, ihn zu faszinieren. Die Geschichten von Jesus hat er in der Bibel gelesen. In den Gesprächen mit ihm spürte ich, wie dieser Jesus in ihm lebendig wurde. Mit einer inneren Begeisterung hat er beispielsweise von der Begegnung Jesu mit der Samariterin am Jakobsbrunnen gesprochen. Jesus hat die Konventionen und Feindbilder durch sein konkretes Handeln ad absurdum geführt. Er hat klar erkannt, dass hier keine Moral, keine Philosophie oder gar ein geheimes Regelwerk im Mittelpunkt dieser Religion steht, sondern ein ganz konkreter Mensch, von dem wir viel überliefert bekommen haben. Karl hat mit der Zeit versucht, Jesus irgendwie in den Alltag zu integrieren. Was hätte er getan? Wie hätte er reagiert? Was war ihm wichtig? Wie ist er mit schwierigen

Menschen umgegangen? Er hat Jesus dabei immer öfter als einen lebendigen Aussteiger gesehen. Da waren wir uns einig. Jesus war ein Ankündiger, ein Hervorsager und gleichzeitig ein Anpacker, ein Tuer, ein am und mit den Menschen Handelnder. Er hat sich eingesetzt und gezeigt, dass Beziehungen und Begegnungen heilsam sein können, aufrichten und zum aufrechten Gang bevollmächtigen. Ausgrenzungen oder vergleichende Denke konnte er nicht ausstehen. Arme, Kranke oder Fremde waren ihm lieb. Für eine bessere Welt, die er Reich Gottes nennt, hat er alles verlassen und seine ganze Leidenschaft hineingelegt, bis zum Leiden, bis zum Sterben. Compassion und Liebe zu vermehren war sein innigstes Anliegen. Das hat er vorgelebt. Das lebt heute genauso in Personen weiter, die Jesus lebendig im Herzen tragen.

Wer sich einlässt auf diesen Jesus, der oder die wird ihn lehren, heilen, beten und gehen sehen. Und Nachfolge heißt, in dieses Tun durch mein eigenes Leben einzusteigen. Am Ende des Lebens werden wir nicht gefragt, wen wir verehrt haben, sondern was wir getan haben. Die Sprache, die Symbole und Rituale der Kirche sind bisweilen stark von einem verehrenden Modus geprägt. Das schafft innere Distanz. Selbst die Eucharistie ist teilweise zum Statussakrament hochstilisiert worden. Nur der Geweihte darf die Wandlung vollziehen. Exklusivität am Altar. Jesus würde heute sagen: Damit ihr nicht aus der Spur der Liebe, der Compassion und der Inklusion fallt, nehmt Brot und Wein, erinnert euch an mich und die vielen Begebenheiten, die mit meinem Leben verbunden sind, denkt an die vielen Frauen und Männer, die ihr „Heilige“ nennt, und dann wandelt euch hinein in die grenzenlose Liebe Gottes. Da gibt es Frauen und Männer unter euch, die das gut können, euch auf diese Dimension hin immer wieder zu öffnen. Tut das einfach immer wieder. Vor allem in euren Versammlungen am Sonntag, dem Tag, der euch heilig bleiben soll.

„In die Nähe Gottes gehen“ heißt der Pilgerpfad auf der Hirschalm im Mühlviertel, den Josef Aglas mit den Tourismusverantwortlichen initiiert hat und ich konzipieren durfte. Die sieben Stationen auf dem dreistündigen Weg sollen an die sieben Sakramente erinnern, sie neu zugänglich machen. „Gehe dein Leben. Es ist von Gott geschenkt.“ So steht es als Einstimmung und Hinweis am Beginn in etwa 900 Meter Seehöhe. „Unbegangen sind die Steilhänge des Himmels“, schreibt Ingeborg Bachmann. Die sieben Sakramente Taufe, Versöhnung, Firmung, Eucharistie, Ehe, Weihe, Krankensalbung sind der Gang Gottes zu den Menschen. Der Pilgerpfad lädt ein, ihm darin entgegenzugehen. In der Taufe wird uns zugesagt: „Du bist geliebt und nicht alleine.“ Nackt und hilflos betreten wir die Erde. Einzig die Liebe der Eltern umfängt, hält und nährt. Im Ritual der Taufe wird ausgedrückt, dass Gott uns hält und nährt, wachsen lässt in der Liebe, uns ein großes Ziel gibt und alles Böse abgewehrt wird. „Du wirst gestärkt in Glauben und Leben“ ist die Kernaussage der Firmung. Das Leben ist nicht flach und eben. Ein Seil bekommt hier seine Bedeutung. Wer sich auf den Weg Jesu einlässt, wird zu steilen Anstiegen kommen. Die Gemeinschaft der Glaubenden bedeutet Antrieb, Ermutigung, Hilfe und Ansporn. Der Geist Gottes lässt uns nicht im Tal. Gemeinsam erreichen wir die Höhen des Lebens, neue

Ausblicke und ein neues helfendes Miteinander. Im Miteinander sind Dissonanzen eine Herausforderung. Das kennen wir vom gemeinsamen Musizieren. „Wenn du willst, wird es wieder gut." Harmonische Klänge sind nährender. Gutes unterlassen und Böses tun. Das ist die Basis für Missstimmung, Streit, Krieg. Wenn Umkehr geschieht, ist Versöhnung Gottes Zusage und sie stiftet inneren und äußeren Frieden. Das wird gefeiert. Als Versöhnter sterben ist ein großes Geschenk. Es braucht immer eine Stärkung in diese Richtung. „Dankbar schauen wir auf Jesus", sagt jeder Gottesdienst. Jesu Weg auf Golgotha war hart und steil. Auch der Pilgerpfad ist in diesem Abschnitt steil. Jede dankbare Eucharistiefeier ist Erinnerung an die Erlösung. Im Hinhören auf das Wort Gottes, im dankbaren Erinnern in Brot und Wein stärken wir uns in der Liebe, in der Compassion. So nimmt Leben Zukunft auf, gerade auch in der Zweisamkeit der Ehe. „Ich nehme dich an, so wie du wirst". Wir sind füreinander geschaffen. Es ist nicht gut, wenn der Mensch alleine bleibt – so befindet Gott bei der Schöpfung. Die Ehe als Bund ist das anspruchsvollste Beziehungsmodell Gottes unter den Menschen. Nähe und Distanz verändern sich, nicht aber die Hinwendung zum geliebten Menschen im endgültigen Ja der Ehe. So ist Ehe ein besonders intensives Sakrament, Zeichen für die Liebe Gottes. Und dann die Menschen, die in der Ehelosigkeit das Ja sagen. „Das Leben wächst im klaren Ja", steht in einem Felsspalt am Weg. Das geweihte Leben spielt in jeder Religion eine große Rolle. Priester und Ordensleute, Frauen und Männer, weihen ihr Leben Gott, ohne Wenn und Aber, ganz der Liebe verschrieben. Diese Personen werden so zum prophetischen Zeichen Gottes als Gottsucherinnen und Gottsucher unter den Menschen. Der Weg dahin ist oft schmal und steil. „Nichts trennt dich vom wahren Leben." Die Salbung tröstet und stärkt. Krankheit, Leid, Einsamkeit und Tod haben heute keinen wirklichen Platz unter den Menschen. Wenn sie Platz bekommen, öffnet sich der Himmel. Genau in dieser Situation ist Gott mit dir, zeigt er sich dir, bleibt er bei dir. Sei getröstet. Trost ist neben Hilfe der meistgenannte Anspruch an kirchliche Gemeinschaften. Jesus lehrt, heilt, betet und geht. Und tröstet ganz viele Menschen.

Schale sieben erklingt: Die pfingstliche Geschwisterlichkeit beflügelt

„Alle Maßnahmen, die nun das Leben der Menschen so stark verändern wie vielleicht sonst nur ein Krieg, folgen einem Imperativ, wie es ihn so noch nie gegeben hat: Wir wollen die Schwachen schützen, die Alten und die Vorerkrankten. Die gesundheitlich besonders Gefährdeten werden also nicht stigmatisiert und vom Rest der Bevölkerung getrennt." Das schreibt der Chefredakteur der *ZEIT* Giovanni di Lorenzo am 19. März 2020 in seinem Titelkommentar auf der ersten Seite angesichts der dramatischen und einschneidenden Maßnahmen in der Coronakrise. Diese Tatsache der gemeinsamen Ob- und Fürsorge habe ich ebenfalls als großartige politische Leistung erlebt. Immer wieder musste ich in diesem Augenblick an das Pfingstfest der christlichen Kirchen denken. Pfingsten ist die Geschwisterlichkeit schlechthin. Alle kommen mit, so wie sie sind und werden. Im Pfingstfest feiern die Menschen den göttlichen Beistand, die Geistkraft für das lebendige Gemeinsame auf Augenhöhe. Statusmacht und Hierarchiedenken sind vorbei, das mimetische Prinzip ungültig und der Sündenbockmechanismus hat ausgedient. Christliche Gemeinschaften sind elliptische, synaptische und inklusive Verbündungen, inspiriert aus der dreifaltigen göttlichen Kommunikation und Wirkmacht. Gemeinsam trägt stärker als zusammengehängte Einzelwesen. Gerade das Schwache, das Kleine, das Unscheinbare, das Scheitern in menschlichen Erscheinungsformen macht lebendig und führt Menschen in besonderer Weise zusammen. „Du bist ein Hero“ ist nicht die Kernaussage der christlich begeisterten Gemeinschaft, auch wenn das die innere Botschaft von Powerdrinks und deren Medienhäusern ist. „Gemeinsam tragen wir das ganze Leben in seiner Vielfalt“ ist die Ankerbotschaft für eine Gemeinschaft, die begeistert. Das Andere, das Fremde, das Ungewöhnliche gehört zu uns, ist wesentliche Inspiration auf Zukunft hin. Begeisterung fußt auf Achtsamkeit, Compassion und dem behutsamen gemeinsamen Tun.

Wer kann uns heute in diese Richtung Lehrmeisterin und Lehrmeister sein? Zuerst sehe ich die Natur und die Schöpfung. Zwischentöne, große und kleine innere Zusammenhänge werden erahnbar und die eigene Seele wird gelüftet und trifft Lebensbilder und immer neue Lebensperspektiven. Deshalb ist es so schade, dass heute die Natur gegen das Digitale im Wohnzimmer gerade in Städten keine Chance mehr hat. „Jenes Zeitausmaß, das du in einen Bildschirm schaust, sollen deinen Augen, Ohren, Nase täglich in der Natur verbringen.“ Eine schöne Alltagsregel von mir, die als Orientierung gilt. Dann sehe ich als besondere Lehrmeister Kinder und

Enkelkinder oder Kinder in meiner Nähe. An ihnen können wir lebendiges und begeisterndes Leben spüren. Unsere drei Enkelkinder Sarah, Philip und Jonas sind mir darin ein Korrektiv geworden, das eigentliche Leben nicht zu übersehen. Vorlesen, spielen, singen, tanzen, entdecken, die Kraft der Fragen, die Spontaneität, das Lachen und Streiten, das Genießen und das Heranwachsen der eigenen Lebenssicht und des eigenen Willens zu sehen ist einfach so wunderbar inspirierend, oft auch korrigierend. Vom Zusammenkuscheln und „Liebhaben" gar nicht zu reden. Und wie sie ganz normal vom Sterben reden, staunend beim Begräbnis dabei sind, wo sie unsere tiefe Trauer spüren und doch auch wieder daheim sind im Urvertrauen dem Leben gegenüber. Trost und Hoffnung atmen sie mit und ihre Gesichter lassen uns vor allem hoffen.

Erfolge sind Lehrmeister, weil sie bestärken, das Können bestätigen und Anerkennung bringen. Das Scheitern lehrt uns Grenzen und kräftigt die Bewegung des Aufstehens, lehrt den Umgang mit Narben und schärft Beziehungen und wirkliche Freundschaften. Tiefe Weisheiten aus allen Völkern und Regionen verbinden uns auf spiritueller Ebene hinein in ein großes gemeinsames Ganzes. Wir alle sind verbunden. Die Weisheiten lehren Lebenssichten, machen Erfahrungen nutzbar für alle. Wenn eine Weisheit lautet: „Der Bauer wünscht sich Regen, der Wanderer Sonnenschein", dann schärft das die eigene Relativitätskraft und die Fähigkeit, in einem „Sichtweisenkonglomerat" gut zu leben. Pfingsten kann nicht ohne diese Fähigkeit gelingen. Spirituelle Schriften und heilsame Personen gehören genauso zu Lehrmeistern und Lehrmeisterinnen des Lebens. Natürlich ist für mich die Bibel eine Fundgrube für Menschlichkeit, Jesus ist eine faszinierende Person und die Heiligen sind täglich eine Orientierung.

Wenn die pfingstliche Geschwisterlichkeit ihre Flügel hebt, dann ist ein tiefes Verstehen im Raum, wird der Mut zum Hinausgehen gefasst und lässt die Erde offen für die himmlische Geistkraft. Verzagtheit wandelt sich in Mut, Abgeschlossenheit in Öffnung und Sprachlosigkeit in ein Verstehen vieler Sprachen.

Der Klang der sieben Schalen erinnert an ein VERNETZEN hin zu einem tiefen und inklusiven Zusammenhalt entlang von aufrichtenden Werten, gefeiert und begangen in beziehungsvollen und lebendigen Ritualen. Der Klang der Schalen bringt Klarheit im VERSTEHEN des Was, Wie, Warum und Wozu, genährt aus Begeisterung und Liebe. Der Klang der Schalen spornt zu einem MITMACHEN an, das in guter Musik, in facettenreichen Rollen auf Bühnen, in einer tief atmenden Bewegung und im sozialen und inklusiven Tun seinen ansteckenden und begeisterten Ausdruck findet. Dieses Leben wird so wach, einfach und gemeinsam sein.

Diese wunderbare Welt ist eher erstaunlich als bequem,
eher schön als nützlich,
eher ein Gegenstand der Andacht als der Ausbeutung.“

(Henry David Thoreau)

Was ihr den Geringsten getan habt,
das habt ihr gut getan.

(in Anlehnung an Jesus)

DANKE

Das Leben geht durch Räume, Freiräume und Klangräume. Im Lebensgang durchwandern wir sie. Im Rückspiegel betrachtet merke ich, wie sehr mich darin wohnende, handelnde Menschen geprägt, getragen und korrigiert haben. Es sind die Menschen, die Begegnungen, die ausgesprochene und spürbare Wertschätzung, die ein persönliches Wachstum ermöglichen, auch durch ein kleines und größeres Scheitern hindurch.

Die Schüler zum Erzieher, die Obdachlosen im Zivildienst, die Dompfarre mit ihrem Pastoralassistenten, die „Laientheologinnen und Laientheologen“ auf ihrem Ausbildungsweg, die gesamte Diözese Linz als kommunikativer Körper und die Ordensgemeinschaften Österreich auf ihrer medialen Fährte waren diese Räume, Freiräume und Klangräume.

Besonders prägende Lebensräume wurden im ehrenamtlichen Engagement die St.-Anna-Pfarre in Kirchschlag und andere Communities im Bergdorf wie der Sportverein. Das „Weltanschauen“-Reisen im Gehmodus entlang von ökologisch und nachhaltig wurde ein Stück Lebensraum und Identität. Bürgerinitiativen und sozial-politische Anliegen waren meine Begleiter, im Social-Media-Raum inspirieren mich viele Bekannte.

Dürfte ich sieben Personen namentlich nennen für einen dankbaren Paukenschlag, dann wären das Dompfarrer Johann Bergsmann (verstoben), Bischof Maximilian Aichern, Sr. Beatrix Mayrhofer, P. Erhard Rauch, Tante Margret Eilmsteiner, meine Mutter Rosa Kaineder, meine Frau Gerlinde Kaineder. Und in der Familie haben Teresa, Veronika, Mathias, Michaela, Judith, Jonas (5), Philip (4) und Sarah (1) einen besonderen Klang.

Ein wunderbares und inspirierendes Gespräch mit Simon Biallowons von Herder bei der Buch Wien 2019 hat meinen Energiepegel gehoben, das Schreiben hat begonnen. Vom kooperativen Lektor wurde ich professionell begleitet.

Christian Kondler hat mich immer irgendwie inspiriert, auch wenn ihm das selber nicht aufgefallen ist. Das DREIRAUMBILD hat mein Anliegen getroffen.

Danke allen Kindern, Jugendlichen, Frauen, Männern, Gemeinschaften und sozialen Lebenwesen, die mein Leben so erfahrungsreich gemacht haben.

Nähe und Distanz spüren die Menschen selbst beim Lesen dieser Aufzählung. Allen möge meine tiefe Dankbarkeit „entgegenklingen“.